Pensionierung richtig planen

Der ideale Zeitpunkt,
das realistische
Budget, die persönliche
Lebensplanung:
So bereiten Sie
die Pensionierung vor.
Mit vielen Tipps für
die dritte Lebensphase.

K-TIPP RATGEBER

© Konsumenteninfo AG, Zürich
Alle Rechte vorbehalten
1. Auflage, Juni 2009

Redaktion: Barbara Jud, Heini Lüthy, Ernst Meierhofer
Korrektorat: Esther Mattille
Titelfoto: bab.ch
Druck: Druckerei Flawil AG, 9230 Flawil

Bestelladresse:
K-Tipp-Ratgeber
Postfach 431
8024 Zürich
ratgeber@ktipp.ch
www.ktipp.ch

ISBN 978-3-906774-42-8

Vorwort

Die Pensionierung ist eine grosse Chance

Die Zeit der Pensionierung wird auch als Ruhestand bezeichnet. Doch mit Ruhe haben die meisten Leute nichts am Hut, wenn sie aus dem Erwerbsleben ausscheiden: Sie wollen die letzten Lebensjahre geniessen – und das haben sie auch verdient, schliesslich haben sie 40 Jahre oder länger hart gearbeitet.

Zudem ist die Lebenserwartung gestiegen: Vor 100 Jahren betrug sie noch etwa 50 Jahre, heute werden wir im Durchschnitt über 80. Das heisst, dass man nach dem Ende des Erwerbslebens noch einen Lebensabschnitt vor sich hat, der gut so lange dauert wie Kindheit und Jugend.

Diese lange und für die meisten noch recht aktive Lebensphase treten allerdings viele an, ohne sich darüber vorher gross Gedanken gemacht zu haben. Dabei müsste man sich, wenn man diese Jahre wirklich erfüllt erleben will, finanziell, sozial und emotional seriös darauf vorbereiten. Finanziell, weil man im Durchschnitt nach der Pensionierung noch halb so lange lebt, wie man vorher gearbeitet hat – und in diesen 20 Jahren braucht man schliesslich auch Geld. Sozial, weil man mit dem Rückzug aus der Arbeitswelt auf einen Schlag viele Kontakte verliert, die zuvor meist jahrelang praktisch täglich quasi automatisch da waren. Psychologisch, weil man mit der Aufgabe des Berufs auch ein Stück der eigenen Identität aufgibt.

Die Gestaltung dieser dritten Lebensphase ist gleichzeitig eine grosse Chance: Wohl noch nie in der Geschichte der Menschheit boten sich älteren Menschen so vielfältige Möglichkeiten, sich zu verwirklichen. Diese auszunützen, die letzten Jahre des Lebens zu planen und dann auch möglichst gut zu nützen und auszukosten: Dazu wollen wir Sie mit diesem Buch ermuntern und Ihnen wertvolle Tipps geben, wie Sie das schaffen.

Zürich, Juni 2009
Verlag und Redaktion

Inhalt

1 Einleitung
- 8 Das Drei-Säulen-System der Schweizer Altersvorsorge
- 9 Der Begriff «Ruhestand» ist überholt
- 9 Die Zeit nach der Pensionierung als Chance
- 10 Gestalten Sie den Übergang kreativ
- 11 Der richtige Zeitpunkt für die Pensionierung
- 11 Strukturieren Sie Ihre Freizeit
- 12 Pensionierungskurse zur Vorbereitung
- 13 Pensionierung und Partnerschaft: Eine Herausforderung
- 14 Für Paare: Wichtig ist die gemeinsame Vorbereitung

2 Finanzen I: Vor der Pensionierung
- 16 AHV: Erziehungs- und Betreuungsgutschriften
- 17 Persönliche Bilanz: Zuerst die AHV
- 18 Berechnung der zukünftigen AHV-Rente
- 18 Die Pensionskasse
- 18 Beitragsjahre und Beitragslücken der AHV
- 19 Kontrollieren Sie das persönliche AHV-Konto
- 21 Pensionskasse: Wie solid ist Ihre 2. Säule?
- 22 Rente oder Kapital – die grosse Frage
- 22 PK: Obligatorisches und überobligatorisches Altersguthaben
- 24 Wann lohnt sich ein Einkauf in die Pensionskasse?
- 24 Pensionskassengeld für den Immobilienkauf
- 26 Die 3. Säule
- 28 Besteuerung der Auszahlung von 3.-Säule-Geld
- 29 Planung I: Mit 50 ein erster Überblick
- 30 Planung II: Mit 55 die ersten Korrekturen
- 31 Planung III: Mit 60 können Sie schon recht genau planen
- 31 Planung IV: Jetzt ist es gelaufen
- 32 Frühpensionierung, meist eine Frage des Geldes
- 32 Rentenvorbezug bei der AHV: Möglichkeiten und Kürzungssätze
- 33 Pensionierung hinausschieben
- 33 Rentenaufschub: Die Zuschläge

3 Finanzen II: Bei der Pensionierung
- 34 Für Flüssiges: Die Anlagestrategie
- 34 Wie lange muss das Geld reichen?
- 35 Leibrenten: Lebenslang Geld bekommen
- 36 Rechnung: Kapitalverzehr
- 38 Checkliste für den richtigen Abschluss einer privaten Leibrente
- 40 Richten Sie den Blick auf die Ausgabenseite
- 41 Wenns nicht aufgeht: Wo kann man sparen?
- 41 So erstellen Sie ein Budget
- 43 Zusatzverdienst
- 43 Wenns gar nicht reicht: Ergänzungsleistungen
- 46 Hypothek: Amortisieren oder nicht?

4 Finanzielle Absicherung des Partners

49 Begünstigung für Konkubinatspaare in der 2. und 3. Säule
51 Das Wichtigste zum Erbrecht
51 Der normale Erbgang: Das Geld geht an die Familie
52 Scheidung im Pensionsalter: Ist das möglich und sinnvoll?
53 Gesetzliche Erbteile und Pflichtteile
53 Das Testament für Konkubinatspaare
55 Wichtig ist der Güterstand
55 Der Erbvertrag: Alternative zum Testament
56 Erbschaftssteuern, Vorbezug, Schenkung
56 Welche Form muss ein Testament haben?
57 Die Alternative zum Erbvorbezug: Das Darlehen
57 Optimale Begünstigung unter Ehepartnern
58 Registrierte gleichgeschlechtliche Partnerschaften
59 Pflegekosten: Zahlungspflicht bei Gütertrennung
60 Überschreibung des Hauses: Kann die Gemeinde zugreifen?
63 Verwandtenunterstützung: Tochter mit Sozialhilfe

5 Gesundheit I: Vorsorge

66 Nicht nur äussere Faktoren sind wichtig
67 Vorsorgeuntersuchungen im Alter
70 Gesund essen heisst besser leben
70 Tipp: Trinken Sie genug
72 Um mit Sport zu beginnen, ist es nie zu spät
72 Schon wenig Sport ist gesund
74 Halten Sie auch den Kopf fit
74 Sport-Tipps für Neu- und Wiedereinsteiger
75 Tipp: So bleiben Sie beweglich
76 Mobilität im Alter: Es gibt nicht nur das Auto
78 Sicherheit beim Autofahren

6 Gesundheit II: Krankenversicherung

80 Die obligatorische Grundversicherung der Krankenkassen
81 Sparmöglichkeiten bei der Grundversicherung
82 Tipps zum Wechsel der Grundversicherung
83 So kommen Sie zu Prämieninformationen
84 Die Krankenpflege-Zusatzversicherungen
85 Verlangen Sie Prämienverbilligung!
86 Spital-Zusatzversicherungen
87 Sparmöglichkeiten bei den Spital-Zusatzversicherungen
89 Grund- und Zusatzversicherungen bei verschiedenen Kassen
90 Alternativmodelle für die Spital-Zusatzversicherung
90 Tipp: Krankenversicherungen richtig kündigen
91 Bei der Pensionierung an den Unfallschutz denken!
92 Pflegeversicherungen: Ein problematisches Produkt
93 Arzt- und Spitalkosten im Ausland

94 Die Patientenverfügung
96 Achtung Fallen: Allgemeine Versicherungstipps für Pensionierte

7 Soziale Kontakte, 4. Säule
98 Abschied von der Arbeit und den Kollegen
99 Das soziale Netz neu knüpfen
100 Pensionierung: Gefahr für die Partnerschaft
100 Tipp: Den Ruhestand als Paar gestalten
101 Tipps: So erneuern Sie das soziale Netz
102 Immer mehr Scheidungen unter Pensionierten
102 Teilen Sie die Aufgaben neu auf
103 Die wichtigste Bezugsperson sind Sie selbst
104 Der materielle Aspekt der 4. Säule

8 Neuen Lebenssinn finden
106 Nutzen Sie Ihre neugewonnene Freiheit
107 Freunden Sie sich mit dem Computer an
108 Seniorenorganisationen
109 Freiwilligenarbeit ist bereichernd
110 Tipp: Mit Zeit statt mit Geld bezahlen
111 Weiterbildung als grosse Chance

9 Wohnsituation, Auswandern
112 Überprüfen Sie die Wohnsituation
113 Gemeinschaftliche Wohnformen
114 Checkliste: Stimmt die Wohnsituation noch?
115 Hausgemeinschaft und Alters-WG
116 Auswandern nach der Pensionierung
119 Lebenshaltungskosten im Ausland
121 Quellensteuern bei der Auszahlung von Geld aus 2. und 3. Säule
122 Quellensteuern bei der Auszahlung von Geld aus der Pensionskasse
123 Steuern in verschiedenen Ländern
124 Pensionskasse: Nur noch beschränkter Vorbezug möglich
125 Krankenversicherung im Ausland
128 Denken Sie auch an die anderen Versicherungen
128 Nicht ganz einfach: Immobilienkauf im Ausland
130 Schwarzgeldzahlungen: Riskantes Geschäft
133 Erbschaftssteuern im Ausland

10 Anhang
134 Ratgeber aus dem K-Tipp-Verlag
135 Amtliche und halbamtliche Stellen und Behörden
136 Weitere Informationsstellen und Websites rund um die Pensionierung
139 Mustervorlagen
148 Stichwortregister

Eine neue Lebensphase beginnt
Planen Sie auf 20 Jahre hinaus

Die Pensionierung verändert das Leben grundlegend – und dies für durchschnittlich 20 Jahre. Damit man diese Lebensphase gelassen und mit Freude angehen kann, sollte man den Ruhestand rechtzeitig und seriös planen.

Die Pensionierung ist eine neuere Entwicklung in der Geschichte der Menschheit. Früher arbeiteten die Leute meist bis zu ihrem Tod; erst die Industriegesellschaft brachte die zeitliche und örtliche Trennung von Arbeit und Freizeit, wie wir sie heute kennen.

Vor über 100 Jahren begann der deutsche Reichskanzler Bismarck mit der Einführung eines Sozialversicherungssystems, im Jahr 1889 schuf er die gesetzliche Regelung für eine obligatorische Altersvorsorge.

In der Schweiz forderte der Grütliverein, eine Organisation der Arbeiterbewegung, schon 1886 eine solche Vorsorge, und 1918 war dies eine der zentralen Forderungen des Landesstreiks.

Die erste AHV-Minimalrente betrug 40 Franken pro Monat

1925 wurde in einer Volksabstimmung die Einführung der AHV in die Bundesverfassung geschrieben – doch bis sie dann wirklich realisiert wurde, vergingen nochmals über 20 Jahre.

Und am Anfang waren die Renten noch äusserst bescheiden: 1948, im ersten Jahr, betrug die Minimalrente nur gerade 40 Franken pro Monat.

Nach dem Zweiten Weltkrieg wurden dann die ersten betrieblichen Pensionskassen gegründet, zuerst von staatlichen beziehungsweise kantonalen Institutionen und Betrieben, später auch von grösseren Privatunternehmen.

1985 schliesslich wurde mit dem «Bundesgesetz über die berufliche Alters-, Hinterlassenen- und Invalidenvorsorge», kurz BVG, die Pensionskasse für alle angestellten Beschäftigten als obligatorisch erklärt.

Das Schweizer Drei-Säulen-System ist solide ausgebaut

Heute ist das System der Altersvorsorge in der Schweiz mit AHV als sogenannter erster Säule, den Pensionskassen als zweiter und der freiwilligen Vorsorge als dritter Säule recht gut ausgebaut.

Eine 2008 veröffentlichte Studie des Bundes besagt, dass sich die Lage der Pensionierten jener der Erwerbstätigen angeglichen hat und dass es der grossen Mehrheit der Personen im Ruhestand finanziell gut gehe. Nur gerade 6 Prozent der Rentner sind nach dieser Studie von Armut betroffen.

Die AHV zahlt pro Jahr Renten von insgesamt rund 33 Milliarden Franken (Stand 2008) an knapp 2 Millionen Personen aus. Mit 27 Milliarden Franken (2006) fast gleich hoch sind die Renten und Kapitalleistungen, die die Pensionskassen ausrichten, und der Gesamtbetrag des in der zweiten Säule angelegten, also angesparten Kapitals beläuft sich auf rund 600 Milliarden Franken.

Wie war das noch mit dem «Ruhestand»?

Der Zeit nach dem Ende der Erwerbstätigkeit hat verschiedene Namen: Pensionierung leitet sich vom lateinischen Pensio, Zahlung, ab und bezieht sich somit – wie der Ausdruck Rentenalter – auf den finanziellen Aspekt.

Der Lebensabschnitt wird aber auch als Ruhestand – auf Französisch als retraite, also Rückzug – bezeichnet. Diese Bezeichnung trifft allerdings immer weniger zu, denn die Mehrheit der Menschen in diesem Alter will aktiv bleiben und sich keineswegs nur zur Ruhe setzen.

Diese dritte Lebensphase ist in letzter Zeit immer länger geworden: Betrug die durchschnittliche Lebenserwartung vor 100 Jahren in der Schweiz noch etwa 50 Jahre, so sind es heute über 80. Das heisst, dass man nach dem Ende des Erwerbslebens noch eine Lebensphase vor sich hat, die etwa so lang dauert wie Kindheit und Jugend.

Pensionierung bedeutet somit nicht einfach, dass man nicht mehr arbeitet und stattdessen immer frei hat.

Pensionierung bedeutet eine neue Phase im Leben, in der vieles – oft sogar alles – anders ist als bisher. Und während man in die Kindheit einfach hineingeboren wird und in das Erwerbsleben gewissermassen «hineinwächst», hat man die Möglichkeit, das Alter mehr oder weniger gut zu planen und nach den eigenen Vorstellungen und Wünschen zu gestalten. Dies ist eine grosse Chance, die Sie sich nicht entgehen lassen sollten.

IN DIESEM KAPITEL
- 9 Der Begriff «Ruhestand» ist überholt
- 9 Die Zeit nach der Pensionierung als Chance
- 10 Gestalten Sie den Übergang kreativ
- 11 Der richtige Zeitpunkt für die Pensionierung
- 11 Strukturieren Sie Ihre Freizeit
- 12 Pensionierungskurse zur Vorbereitung
- 13 Pensionierung und Partnerschaft

Packen Sie Ihre Chance, suchen Sie das Glück!

Der Rat deshalb: Werden Sie sich bewusst, wie Sie diese Zeit nach dem Ende des Erwerbslebens verbringen wollen. Betrachten Sie die Pensionierung nicht nur als eine Reihe von Jahren, in denen Sie ohne zu arbeiten jeden Monat Geld bekommen.

Machen Sie sich Gedanken darüber, was Sie gern tun möchten, wenn Sie einmal richtig Zeit haben. Eine US-amerikanische Studie aus dem Jahr 2004 fragte Menschen, die noch im Arbeitsleben standen, was sie sich im Ruhestand wünschten, und ergab diese Prioritäten:

- **72 Prozent:** Mehr Zeit mit der Familie verbringen
- **71 Prozent:** Mehr Zeit für Hobbys und persönliche Interessen
- **63 Prozent:** Nichts tun
- **57 Prozent:** Reisen
- **54 Prozent:** Kontakte zu Freunden pflegen.

Anders gesagt: Suchen Sie Ihr persönliches Glück. Zwar ist für viele Pensionärinnen und Pensionäre der Spielraum aus finanziellen oder anderen Gründen nicht unbeschränkt. Doch unabhängig davon eröffnen sich einem völlig neue Möglichkeiten, wenn man nicht mehr fünf Tage die Woche arbeiten gehen muss.

Allerdings drohen auch Gefahren: Werden Sie sich bewusst, wie stark die Arbeit während 40 oder mehr Jahren Sie und Ihren Alltag geprägt hat – und werden Sie sich bewusst, wie gross die Auswirkungen sein werden, wenn diese Struktur nicht mehr besteht.

Wer all diese Veränderungen unterschätzt, riskiert, einen sogenannten Pensionierungsschock mit teils erheblichen psychischen und emotionalen Folgen zu erleben.

Gestalten Sie Ihren neuen Alltag kreativ

Der Rückzug ins Rentnerleben gelingt nicht allen gleich gut. Besonders Männer, die ganz und gar für ihren Beruf gelebt haben, finden sich oft nur schwer zurecht mit der neuen Situation. Auf die anfängliche Euphorie über die neue Freiheit folgt häufig ein Gefühl der Leere. Plötzlich ist man «weg vom Fenster». Man kommt sich wert- und nutzlos vor.

Manchmal stürzen sich Männer nach der Pensionierung geradezu in zahlreiche Aktivitäten, um dadurch «wieder jemand zu sein». Dies ist ein Trugschluss.

Denn wenn die frei gewordene Zeit ohne grosses Überlegen mit Terminen vollgestopft wird, ist die Gefahr gross, dass die eigentlichen Bedürfnisse auf der Strecke bleiben. Dadurch wachsen die innere Unzufriedenheit und das Gefühl, das eigene Leben gar nicht richtig gelebt zu haben.

Das soll aber nicht heissen, dass man im Ruhestand untätig zu Hause sitzen muss. Für Pensionierte gibt es unzählige interessante Aufgaben, die neue Horizonte öffnen und das Leben bereichern können: Sie können jetzt Ihr Spezialwissen, Ihre Erfahrungen und Ihre Zeit freiwillig in den Dienst einer Sache stellen, die Ihnen wichtig ist. Ob im sozialen Bereich, in der Wirtschaft, im Natur- und Umweltschutz, für kulturelle

---

CHECKLISTE

Erfüllen Sie sich Ihre Wünsche

Wenn Sie sich auf die Zeit der Pensionierung vorbereiten, sollten Sie sich darüber klar werden, was Sie von der Zeit nach der Pensionierung erwarten. Sortieren Sie Ihre Wünsche und stellen Sie sich zum Beispiel folgende Fragen:
- Was kann ich gut, wo liegen meine Stärken – und auch Schwächen?
- Was mache ich gerne, was bereitet mir Freude?
- Was ist während meines Berufslebens zu kurz gekommen?
- Welche Träume möchte ich noch verwirklichen?
- Was möchte ich neu lernen?
- Welche schlummernden Talente möchte ich aktivieren?
- Welchen gesellschaftlichen Beitrag kann und will ich leisten?
- Was ist mir körperlich und psychisch möglich?
- Was kann ich mir finanziell leisten?

Anliegen oder in der Politik: Zahlreiche Institutionen in unserer Gesellschaft sind auf freiwillige Helfer angewiesen.

Pensionierung: Früh, flexibel oder aufgeschoben

Der Anspruch auf eine AHV-Rente besteht ab dem ersten Tag des ersten Monats nach dem 65. (Männer) respektive 64. Geburtstag (Frauen). So sieht es das Gesetz vor. Doch immer mehr Menschen bestimmen selbst, wann sie sich endgültig aus dem Erwerbsleben zurückziehen.

Ob Sie vorzeitig in Pension gehen, bis zum ordentlichen Rentenalter bleiben oder darüber hinaus weiterarbeiten wollen: Es gibt heute verschiedene Möglichkeiten, um den Übergang vom Erwerbsleben in den Ruhestand zu gestalten.

Und es empfiehlt sich, schon diesen Übergang rechtzeitig und sorgfältig zu planen. Nebst der regulären Pensionierung gibt es mehrere Möglichkeiten:

■ **Frühpensionierung:** Viele Angestellte in der Schweiz werden heute frühzeitig pensioniert. In vielen staatlichen Verwaltungen, Banken und Versicherungsgesellschaften ist die Frühpensionierung sogar Standard.

Wer genügend Dienstjahre geleistet oder sich bei der Pensionskasse mit freiwilligen Zahlungen eingekauft hat, kann bei voller Pensionskassenrente in den Ruhestand treten.

> **TIPP**
>
> ### Strukturieren Sie Ihre Freizeit
>
> Lange Jahre hat der Berufsalltag den Wochen- und Tagesablauf bestimmt. Nun gilt es, einen eigenen Rhythmus zu finden:
> - Behalten Sie gewisse Rituale zumindest anfänglich bei. Essen Sie zum Beispiel immer zur selben Zeit und schlafen Sie nur am Wochenende aus.
> - Erledigen Sie bestimmte Hausarbeiten immer am selben Tag.
> - Sorgen Sie für geistige und körperliche Herausforderungen.
> - Planen Sie unterschiedliche Aktivitäten an verschiedenen Tagen. So erhält jeder Tag ein eigenständiges Gesicht.
> - Verplanen Sie die Zeit nicht komplett. Gönnen Sie sich Erholungsphasen und lassen Sie genügend Freiraum für spontane Unternehmungen.

Oft deckt eine Übergangsrente die Einkommenslücke so lange, bis auch die AHV-Rente ausbezahlt wird.

Für viele andere ist die Frühpensionierung aber ein teurer oder gar unbezahlbarer Luxus: Die zusätzlichen Jahre muss man sich durch einen Wegfall des Lohnes, eine lebenslänglich tiefere Pensionskassenrente und – bei einem AHV-Vorbezug – eine ebenfalls lebenslänglich tiefere AHV-Rente erkaufen. Pensionskassen kürzen die Rente pro Vorbezugsjahr um 6 bis 7 Prozent.

Ab wann ein Vorbezug möglich ist und wie hoch die Rentenkür-

> **TIPP**
>
> **Pensionierungskurse zur Vorbereitung**
>
> Viele grössere Unternehmen bieten ihren Angestellten Kurse zur Vorbereitung auf die Pensionierung an. Nutzen Sie die Gelegenheit, zwei bis drei Jahre vor der Pensionierung an einem solchen Seminar teilzunehmen – auch wenn Ihre Kollegen Sie belächeln sollten.
>
> Hier erfahren Sie alles, was Sie über Finanzen, Versicherungen, Recht und Gesundheitsvorsorge wissen sollten. Ein weiteres Thema ist die Lebensgestaltung nach der Pensionierung.
>
> Deshalb macht es Sinn, wenn die Partnerin ebenfalls am Kurs teilnimmt. So können sich Paare gemeinsam auf die anstehenden Veränderungen vorbereiten.
>
> Auch die Pro Senectute führt regelmässig in der ganzen Schweiz Pensionierungskurse durch. Kosten: Einzelpersonen 750 Franken, Paare erhalten eine Ermässigung von 100 Franken.
>
> Infos und Anmeldung unter www.pensionierungskurse.ch.

zung ausfällt, steht im Reglement Ihrer Pensionskasse. Erkundigen Sie sich vorher!

Auch ein Vorbezug der AHV ist möglich. Viele Frühpensionierte greifen gerne auf diese Möglichkeit zurück.

Die AHV-Rente kann frühestens zwei Jahre vor Eintritt in das ordentliche AHV-Alter bezogen werden. Dadurch reduziert sich die Rente lebenslang um einen Satz zwischen 3,4 und 13,6 Prozent – je nach Geschlecht und Zahl der Vorbezugsjahre (siehe Seite 32f.).

Was viele nicht wissen: Auch wenn Sie die Rente vorbeziehen, müssen Sie weiterhin bis zum ordentlichen Rentenalter AHV-Beiträge einzahlen. (Mehr Infos zur Frühpensionierung sowie zu Pensionskassen- und AHV-Rente finden Sie im Kapitel 2.)

■ **Flexibler Übergang:** Wenn eine Frühpensionierung aus finanziellen Gründen nicht im Bereich des Möglichen liegt, gibt es die Alternative des allmählichen Rückzugs aus dem Erwerbsleben.

Zahlreiche Arbeitgeber bieten älteren Mitarbeitern flexible Modelle an, die ihnen einen gemächlichen Rückzug aus dem Arbeitsleben ermöglichen.

Mehr Freizeit dank einem Ausstiegsszenarium

Wenn die Kinder finanziell auf eigenen Füssen stehen und die Hypothek des Hauses nahezu abbezahlt ist, kann man im Beruf etwas kürzer treten. Konkret kann das bedeuten: Man verzichtet darauf, die Karriereleiter weiter hochzuklettern, und baut bereits einige Jahre vor der Pensionierung die Verantwortung ab und verringert so die berufliche Belastung.

Vielleicht ist es sogar möglich, das Arbeitspensum auf 80 oder 60 Prozent zu reduzieren.

Solche individuellen «Ausstiegsszenarien» erfordern Flexibilität sowohl vom Arbeitgeber als auch vom Arbeitnehmer. Sie sind verbunden mit Lohneinbussen und eventuell dem Verlust von Sozialprestige.

Andererseits entsprechen solche Modelle dem Bedürfnis vieler älterer Arbeitnehmer, die sich weniger Stress und dafür mehr Freizeit wünschen.

■ **Pensionierung hinausschieben:** Während die einen den Ruhestand herbeisehnen, mögen andere mit 65 noch lange nicht an die Pensionierung denken.

Solche «Langarbeiter» sind allerdings stark in der Minderzahl: Zurzeit (Stand 2009) sind nur 13 Prozent der Männer und 5 Prozent der Frauen im AHV-Alter noch erwerbstätig.

Lange Zeit setzte der Stellenmarkt in erster Linie auf Jugend und Dynamik. Mitarbeiter jenseits der 50 hatten es da schwer – trotz langjähriger Berufserfahrung.

Das aber könnte sich schon bald ändern: In den nächsten Jahren werden die geburtenstarken Jahrgänge pensioniert. Und da diese Generation selber weniger Kinder gezeugt hat, fehlt nun in vielen Bereichen der Wirtschaft der Nachwuchs.

Das bietet älteren Menschen die Möglichkeit, ihren Beruf über das Pensionsalter hinaus auszuüben. Schon jetzt rekrutieren einzelne Firmen für bestimmte Projekte pensionierte Mitarbeiter. Gefragt sind vor allem hochqualifizierte Fachkräfte und ehemalige Kaderleute.

Partnerschaft:
Mehr Zeit, mehr Streit

Endlich mehr Zeit haben füreinander – darauf freuen sich die meisten Paare, wenn ein Partner vor der Pensionierung steht.

Doch die ungewohnte Zweisamkeit stellt die Beziehung oftmals auf eine Zerreissprobe. Nicht alle Paare sind glücklich mit der neuen Situation. Viele gehen durch unruhige Zeiten, wenn es eigentlich gemütlich werden könnte.

Streitereien, Vorwürfe, böse Worte sind leider nicht untypisch für die ersten Monate nach der Pensionierung. Oft setzt ein gewisses Revierverhalten ein, vor allem bei Frauen. Der Mann darf zwar mithelfen im Haushalt, macht es aber in ihren Augen selten richtig – kein Wunder, war sie doch vielleicht 40 Jahre lang der wahre Herr im Haus.

Aber auch das Gegenteil kann der Fall sein: Er macht es sich in seinem Lesesessel bequem und lässt sich von seiner Frau bedienen, während sie angenommen hatte, ihr Mann werde nach seiner Pensionierung auch hin und wieder zum Staubsauger greifen und die Einkäufe erledigen.

Meist prallen ganz unterschiedliche Ängste, Erwartungen und Bedürfnisse aufeinander, die keiner der Partner zuvor geäussert hat. Und das kann früher oder später unweigerlich zu Enttäuschungen und Reibereien führen.

Oft haben Männer idealisierte Vorstellungen von Ehe und Lebensgestaltung im Rentenalter.

Sie möchten zusammen mit ihrer Frau mehr reisen, ihre Hobbys pflegen. Doch der Wunsch nach mehr gemeinsamer Zeit entspricht nicht immer den Lebensplänen ihrer Partnerin. Besonders dann nicht, wenn sie selber noch (teilweise) berufstätig ist oder sich ausser Haus für andere Aufgaben engagiert.

Die meisten Frauen haben sich während der Berufstätigkeit ihres Mannes daran gewöhnt, in gewissem Mass ein eigenständiges Leben zu führen. Diesen Freiraum und ihr Beziehungsnetz wollen sie nach der Pensionierung des Partners nicht aufgeben. Durch die dauernde Anwesenheit ihres Mannes können sie sich schnell einmal eingeengt fühlen. Im Extremfall wird der Partner gar als Belastung empfunden.

Für Paare ist die gemeinsame Vorbereitung wichtig

Konflikte in der Partnerschaft lassen sich vermeiden, wenn Paare sich bereits rechtzeitig vor der Pensionierung intensiv Gedanken machen über das gemeinsame Leben im Ruhestand (siehe Kasten «Den Ruhestand als Paar gestalten» auf Seite 100 im Kapitel 7). Was fängt man mit der frei gewordenen Zeit an? Wie viel Zeit verbringt jeder für sich? Was unternimmt man gemeinsam? Wer erledigt welche Aufgaben im Haushalt?

Beide sollten Wünsche, Hoffnungen und Befürchtungen offen äussern. Bleiben Erwartungen unausgesprochen, sind Enttäuschungen und Missverständnisse programmiert. Ebenfalls wichtig: Beide Partner sollten den persönlichen Freiraum des andern respektieren.

Allerdings: Nach der Pensionierung läuft im Alltag oft manches anders als geplant. Besonders in der ersten Zeit kann eine regelmässige «Lagebesprechung» hilfreich sein. Diskutieren Sie dabei, was gut läuft und was Sie ändern wollen. Reden sollte man nicht nur über den Einkauf, den Abwasch und die geplante Reise. Sondern auch über Gefühle und Ängste.

Informationen über die finanzielle Absicherung in einer Partnerschaft finden Sie in Kapitel 4, Weiteres über die Gestaltung der Paarbeziehung in Kapitel 7.

Finanzielle Situation vor der Pensionierung
Erstellen Sie das erste Budget 15 Jahre vorher

Mit der finanziellen Planung des dritten Lebensabschnitts sollte man frühzeitig beginnen – und sich dabei insbesondere fragen: Wo stehe ich punkto AHV und Pensionskasse? Habe ich eine 3. Säule? Kommt eine Frühpensionierung in Frage?

Mit der AHV hat die Schweiz eine obligatorische Sozialversicherung, deren Renten laut Bundesverfassung «den Existenzbedarf angemessen decken» sollen, sobald das Erwerbseinkommen nach der Pensionierung wegfällt.

Neben dieser «ersten Säule» der Altersvorsorge gibt es zwei weitere: die zweite Säule mit der beruflichen Vorsorge (Pensionskassen) und die dritte Säule, die freiwillige Vorsorge.

Die zweite Säule (berufliche Vorsorge) ist seit 1985 obligatorisch für alle angestellten Arbeitnehmerinnen und Arbeitnehmer und sollte zusammen mit der AHV ein Renteneinkommen von rund 60 Prozent des letzten Lohnes ermöglichen.

Zusätzlich können Leute, die genügend verdienen oder begütert sind, freiwillig und steuerbegünstigt in die dritte Säule einzahlen, um im Rentenalter auch von diesen Ersparnissen profitieren zu können.

Auch anderweitig kann man Geld fürs Alter auf die Seite legen, etwa mit einem Hauskauf.

Dieses System ist grundsätzlich recht solide, da die drei Säulen unterschiedlich finanziert werden. Allerdings heisst dies keineswegs, dass jeder und jede nach der Pensionierung sorgenfrei bis ans Ende des Lebens den gewohnten materiellen Standard aufrechterhalten kann.

Die entsprechende Rechnung ist ganz einfach: Das Erwerbsleben dauert normalerweise von etwa 20 bis etwa 65, das heisst rund 45 Jahre, und in dieser Zeit verdienen die meisten Menschen immer mehr. Danach hat ein Mann durchschnittlich noch 17,1, eine Frau noch 20,8 Jahre vor sich.

Das bedeutet, dass man während des Erwerbslebens etwa halb

INFO

Erziehungs- und Betreuungsgutschriften der AHV

Erziehungs- und Betreuungsgutschriften werden bei der Rentenberechnung dem Erwerbseinkommen zugerechnet und sorgen somit für eine höhere Rente.

Anspruch auf **Erziehungsgutschriften** haben Altersrentner und -rentnerinnen für jedes Jahr, in dem sie Kinder unter 16 Jahren betreuten. Die Erziehungsgutschriften werden auf dem individuellen Konto der versicherten Person gutgeschrieben.

Anspruch auf **Betreuungsgutschriften** hat, wer pflegebedürftige Verwandte betreut. Anders als Erziehungsgutschriften werden diese aber nicht automatisch angerechnet, sondern müssen jährlich bei der zuständigen kantonalen Ausgleichskasse geltend gemacht werden.

Aufgepasst: Betreuungsgutschriften und Erziehungsgutschriften können nicht gleichzeitig angerechnet werden.

so viel Geld fürs Alter ansparen müsste, wie man in der aktiven Zeit verdient und meist auch ausgibt.

Persönliche Bilanz: Fangen Sie mit der AHV an

Es empfiehlt sich deshalb, frühzeitig eine persönliche Bilanz zu erstellen, um zu wissen, womit man nach der Pensionierung rechnen kann. Dazu fängt man am besten mit der AHV an.

Die später zu erwartende AHV-Rente lässt sich recht zuverlässig voraussagen. Sie ist vor allem abhängig von zwei Grössen: vom «massgebenden durchschnittlichen Jahreseinkommen», also davon, wie viel man früher aufgrund des Einkommens einbezahlt hat, sowie von den «anrechenbaren Beitragsjahren», also davon, wie lange man einbezahlt hat.

Eine Maximalrente erhält, wer ab dem 20. Altersjahr bis zum ordentlichen Rentenalter jedes Jahr lückenlos AHV-Beiträge bezahlt hat. Das ordentliche Rentenalter ist aktuell 65 für Männer und 64 für Frauen, die Rente erhält man ab dem ersten Tag des Monats nach dem 65. beziehungsweise 64. Geburtstag bis zum Ende des Monats, in dem man stirbt.

Das «massgebende durchschnittliche Jahreseinkommen» bemisst sich nicht nur nach dem effektiven Einkommen, sondern auch allfälligen Gutschriften für die Erziehung von Kindern und für die Pflege von bedürftigen nahen Verwandten (siehe Kasten links).

IN DIESEM KAPITEL

- 16 AHV: Erziehungs-/Betreuungsgutschriften
- 17 Persönliche Bilanz: Zuerst die AHV
- 18 Die Berechnung der zukünftigen AHV-Rente
- 21 Die Pensionskasse
- 21 Berechnung der zukünftigen PK-Rente
- 22 Pensionskasse: Obligatorisches und überobligatorisches Altersguthaben
- 22 Der Entscheid Rente oder Kapital
- 23 Rente oder Kapital? Die Kriterien
- 24 Der Einkauf in die Pensionskasse
- 25 Pensionskassengeld für den Immobilienkauf
- 26 Die 3. Säule
- 29 Planung I: Mit 50 ein erster Überblick
- 30 Planung II: Mit 55 erste Korrektur
- 31 Planung III: Mit 60 gehts schon genau
- 31 Planung IV: Jetzt ist es gelaufen
- 32 Die Frühpensionierung
- 33 Die Pensionierung hinausschieben

Wer nicht ohne Unterbruch einbezahlt hat, bekommt auch weniger ausbezahlt: Ein ganzes Jahr ohne AHV-Beiträge bedeutet in der Regel mindestens 2,3 Prozent weniger AHV-Rente. Allerdings lassen sich während fünf Jahren Beitragslücken mit nachträglichen Zahlungen stopfen (siehe Kasten auf der nächsten Seite).

Die maximale Rente beträgt zurzeit (Stand 2009/2010) 2280 Franken im Monat für Alleinstehende beziehungsweise 27 360 Franken pro Jahr.

Dass man mit dieser Summe nicht weit kommt, ist klar: Sie entspricht knapp einem Drittel des durchschnittlichen Erwerbseinkommens in der Schweiz. Dazu kommt noch die sogenannte Plafonierung: Sind beide Ehepartner

TIPP

Die neue AHV-Nummer

Seit 2008 wird in der AHV schrittweise die neue, 13-stellige Versichertennummer eingeführt. Diese wurde nötig, weil die alten Nummern für die wachsende Bevölkerung bald nicht mehr ausreichen würden.

Während in der bisherigen AHV-Nummer Angaben über die Person wie Geburtsdatum, Geschlecht und Anfangs-Buchstabengruppe des Namens erkennbar sind, ist die neue Nummer zufällig und damit anonym. Sie muss auch bei einem Namenswechsel etwa durch Heirat nicht mehr geändert werden.

im Rentenalter, so dürfen ihre Renten zusammen höchstens 150 Prozent einer Einzel-Maximalrente betragen; zurzeit sind das 3420 Franken im Monat.

Bei Ehepaaren (und bei eingetragenen Partnerschaften) wird das sogenannte Splitting angewandt: Dafür werden die Einkommen, die die beiden Partner erzielt haben, je hälftig geteilt und je zur Hälfte dem anderen Partner gutgeschrieben.

Dieses Splitting-Modell wird erst ab dem Moment angewandt, in dem beide Ehegatten rentenberechtigt sind – vorher wird die Einzelrente auf der Basis der eigenen Einzahlungen berechnet.

Sie können sich die AHV-Rente vorausberechnen lassen

Die Regeln und Berechnungen der AHV sind auch für Spezialisten nicht immer ganz einfach zu verstehen; Laien sind meist überfordert. Dennoch gibt es für Interessierte gute Wege, zu hilfreichen Informationen zu kommen:

- Im Internet finden Sie auf www.ahv-iv.info alle Merkblätter zur AHV; diese Merkblätter erhalten Sie auch bei den einzelnen Ausgleichskassen. Sie sind leicht

Stichwort

Beitragsjahre und Beitragslücken (Fehljahre)

Jedes Kalenderjahr, in dem die versicherte Person Beiträge an die AHV bezahlt, gilt als Beitragsjahr.

Wer zwischen dem zurückgelegten 20. Altersjahr und dem Beginn der Rente (wegen Pensionierung, Tod oder Invalidität) einen oder mehrere Jahrgänge ohne AHV-Beiträge aufweist, hat Beitragslücken beziehungsweise Fehljahre.

Wer hingegen ab dem 20. Altersjahr immer erwerbstätig war, hat keine fehlenden Beitragsjahre und keine Beitragslücke. Selbst wenn jemand nur ein paar Monate im Jahr arbeitet, wird dieses Einkommen als Beitragsjahr angerechnet (weil so in der Regel der AHV-Mindestbeitrag erfüllt ist).

Lücken gibt es dann, wenn jemand erst im fortgeschrittenen Alter in die Schweiz kommt und eine Arbeit aufnimmt. Das ist etwa bei ausländischen Arbeitnehmerinnen und Arbeitnehmern der Fall. Einer Person, die erstmals mit 33 Jahren in die Schweiz einreist, eine Stelle antritt und mit 37 Jahren verunfallt, fehlen zum Unfallzeitpunkt 13 Beitragsjahre. Entsprechend gekürzt ist dann die Hinterlassenen- oder bei Invalidität die IV-Rente.

Solche Lücken kann man auffüllen. Für eine maximale Rente braucht es aber nicht nur genügend Beitragsjahre, sondern auch ein gewisses durchschnittliches Jahreseinkommen (siehe Kasten auf Seite 20).

Tipp

Kontrollieren Sie Ihr persönliches AHV-Konto!

Die Ausgleichskasse führt für Sie ein individuelles Konto (IK). Darauf sind unter anderem die gemeldeten Lohnsummen und die Beitragszeiten verzeichnet.

Weil die meisten Angestellten im Verlauf ihres Lebens mehrere Jobs haben und damit verschiedenen Ausgleichskassen angehören, haben sie je ein individuelles Konto bei mehreren Ausgleichskassen.

Diese Einträge dienen später als Basis für die Rentenberechnung; deshalb ist es wichtig, dass sie vollständig sind. Das können Sie überprüfen, indem Sie bei der Ausgleichskasse, bei der Ihr Arbeitgeber aktuell abrechnet oder bei der Sie selber persönliche Beiträge entrichten, einen Kontoauszug verlangen. Sie können den Auszug aber auch bei einer anderen Ausgleichskasse bestellen.

Die betreffende Ausgleichskasse wird dann bei allen anderen Ausgleichskassen, die für Sie ein Konto führen, einen solchen Auszug verlangen und die Daten zusammenführen. Der Auszug ist kostenlos.

Wer wegen Heirat seinen Namen geändert hat, wird evtl. unter zwei verschiedenen AHV-Nummern geführt. Bei der Anfrage sollte man deshalb auf die Namensänderung aufmerksam machen und auch die frühere AHV-Nummer angeben. Dasselbe gilt für Personen, die ihre Nationalität geändert haben.

Sollten Sie in Ihrem Kontoauszug einen Fehler entdecken, kann dies zweierlei Ursachen haben: Entweder liegt ein Fehler der Ausgleichskasse vor. In diesem Fall müssen Sie bei der Kasse innert 30 Tagen Einspruch erheben. Oder der Arbeitgeber hat nicht den gesamten Lohn abgerechnet. Auch in diesem Fall sollten Sie sich an die Ausgleichskasse wenden.

Kontrollieren Sie, ob für jedes Kalenderjahr Beiträge aufgeführt sind. Und ob die Angaben über das Bruttoeinkommen ungefähr stimmen. Haben Sie Fragen oder Zweifel an der Vollständigkeit: Unbedingt sofort bei der Kasse reklamieren!

Wichtig: Es gibt immer wieder Arbeitgeber, die den Angestellten zwar AHV-Beiträge vom Lohn abziehen, diese aber nicht weiterleiten. In solchen Fällen erhalten Betroffene den entsprechenden Eintrag auf ihrem IK trotzdem, falls sie – etwa mit Lohnabrechnungen – nachweisen können, dass die Abzüge effektiv getätigt wurden. Die Adressen der auf dem Kontoauszug mit Nummern aufgeführten Ausgleichskassen stehen in jedem Telefonbuch auf der hintersten Seite.

Auf der Homepage von einzelnen Sozialversicherungsanstalten können Sie den Kontoauszug auch online bestellen – siehe dazu www.ausgleichskasse.ch.

---

lesbar und auch für Laien gut verständlich.

Zusätzlich bietet www.ahv-iv.info die komplette Liste der Ausgleichskassen mit Links auf deren Homepages. Auf den Homepages der einzelnen Ausgleichskassen finden sich weitere nützliche Informationen.

■ Oft kann es sich auch lohnen, einen **Auszug aus dem individuellen Konto** zu verlangen (siehe Kasten oben).

■ Für die Planung Ihrer Altersvorsorge haben Sie auch die Möglichkeit, sich die künftige **Rente berechnen zu lassen**.

Die Ausgleichskassen berechnen auf Anfrage die künftige Rente. Seit Januar 2001 haben Versicherte gar einen Rechtsanspruch auf diese Vorausberechnung.

Die Kasse sagt Ihnen, welche AHV-Rente Sie dereinst erwarten dürfen – abhängig von Ihren bisherigen und Ihren geschätzten künftigen AHV-Beiträgen. Sie erhalten also eine provisorische Berechnung.

Wenden Sie sich für die Rentenvorausberechnung an die Ausgleichskasse, die momentan für Sie zuständig ist; Ihr Arbeitgeber kann sie Ihnen nennen.

Für den Antrag auf Vorausberechnung steht ein Formular zur Verfügung, das Sie bei der Ausgleichskasse erhalten oder dort bestellen können.

Die Vorausberechnung ist im Normalfall gratis. Nur in zwei Ausnahmefällen darf die Ausgleichskasse eine Gebühr von höchstens 300 Franken erheben (Maximalansatz bei komplexen Berechnungen):

- wenn die versicherte Person noch nicht 40 Jahre alt ist,
- wenn eine über 40-jährige Person in den letzten fünf Jahren schon einmal eine Berechnung machen liess und nun ohne besonderen Grund eine weitere wünscht. Als «besonderen Grund» nennt die entsprechende Verordnung Zivilstandswechsel, die Geburt eines Kindes, den Verlust der Arbeitsstelle oder die Aufnahme einer selbständigen Erwerbstätigkeit.
- Falls ein solcher Grund vorliegt, erhalten auch unter 40-Jährige die Vorausberechnung der Altersrente gratis.

Der Vorausberechnung können Sie entnehmen, ob Sie Beitragslücken haben.

Tipp: Wer geschieden ist, sollte zuerst das Einkommenssplitting verlangen; dann kann die AHV-Ausgleichskasse die mutmassliche Rente leichter berechnen.

Und: Interessierte können sich auch die Invalidenrente sowie die Hinterlassenenrente vorausrechnen lassen. Diese Information ist zum Beispiel nützlich, wenn sich jemand selbständig macht. Diese Vorausberechnungen sind immer gratis.

Alle wichtigen Details zur AHV finden Sie im Saldo-Ratgeber «Gut vorsorgen: Pensionskasse, AHV und 3. Säule». Sie können das 218-seitige Buch über Telefon

---

INFO

Aktuelle AHV-Renten

Massgebendes durchschnittliches Jahreseinkommen	Rente für Alleinstehende
bis 13 680	1140
15 048	1170
21 888	1318
28 728	1466
35 568	1614
42 408	1751
49 248	1842
56 088	1933
62 928	2025
69 768	2116
76 608	2207
82 080 und mehr	2280

Angaben in Franken, Stand 2009/2010; die Rentenzahlen gelten nur, wenn keine Beitragslücken bestehen

044 253 90 70 bestellen oder im Internet auf www.saldo.ch.

Pensionskasse: Wie solid ist Ihre 2. Säule?

Die zweite Säule der Altersvorsorge ist die Pensionskasse. Hier ist die Abschätzung der künftigen Rente für die versicherte Person kein Problem: Von der Pensionskasse erhält man jedes Jahr einen Versicherungsausweis, auf dem das voraussichtliche Alterskapital zum Zeitpunkt der Pensionierung aufgeführt ist. Erwähnt ist auch die jährliche Rente, die aufgrund dieses Kapitals zu erwarten ist.

Zur Berechnung der Rente dient der Rentenumwandlungssatz: Er gibt an, wie viel Rente man aufgrund des vorhandenen Alterskapitals pro Jahr erhält.

Aktuell (Stand 2009) beträgt der Rentenumwandlungssatz 7,05 Prozent für Männer und 7,0 Prozent für Frauen. Das heisst, dass man für 100 000 Franken Pensionskapital 7050 beziehungsweise 7000 Franken Rente pro Jahr bekommt.

Der Satz wird allerdings in den nächsten Jahren gesenkt werden, laut dem geltenden Gesetz bis 2014 auf 6,8 Prozent. Das Parlament hat Ende 2008 sogar eine Senkung auf 6,4 Prozent beschlossen, gegen die allerdings Gewerkschaften, linke Parteien und Konsumentenvertreter – darunter auch K-Tipp und Saldo – im Frühling 2009 ein Referendum mit 205 000 Unterschriften eingereicht haben.

> **INFO**
>
> **Eingetragene Partnerschaften**
>
> Für die AHV und ihre Leistungen ist die eingetragene gleichgeschlechtliche Partnerschaft der Ehe gleichgestellt, die gerichtliche Auflösung der Partnerschaft ist der Scheidung und die überlebende Person beim Tod ihrer Partnerin oder ihres Partners dem Witwer gleichgestellt.

Eine wichtige Grösse ist auch der Zinssatz, zu dem die Kassen das Geld im «Sparschwein» der Versicherten verzinsen müssen.

Für das Jahr 2009 beträgt er für den obligatorischen Teil im Minimum 2 Prozent. Dieser Mindestzinssatz für den obligatorischen Teil der Altersvorsorge wird vom Bundesrat regelmässig angepasst.

Achtung: Beide Sätze (Rentenumwandlungssatz und Zinssatz) sind nur für den obligatorischen Teil der Pensionskassengelder vom Gesetz vorgeschrieben; im überobligatorischen Bereich sind die Pensionskassen bei der Festsetzung frei (siehe Kasten auf der nächsten Seite).

Und weil rund 50 bis 60 Prozent des gesamten Pensionskassenkapitals im überobligatorischen Bereich angelegt sind, ist es möglich, dass das Alterskapital einer Person insgesamt deutlich schlechter verzinst wird, als es für den obligatorischen Teil vorgeschrieben ist. Und dass auch das gesamte Kapital nicht zum gesetzlich vorgeschriebenen Umwandlungssatz in eine Rente umgerechnet wird.

Beachten Sie aber auch: Die Angaben auf dem Versicherungsausweis der Pensionskassen über das künftige «voraussichtliche» Alterskapital sind sehr vage und können ändern. Sie sind im Wesentlichen vom künftigen versicherten Lohn sowie von der jeweiligen Verzinsung abhängig.

Rente oder Kapital – das ist die grosse Frage

Eine absolut zentrale Frage im Zusammenhang mit der Pensions-

---

STICHWORT

Obligatorisches und überobligatorisches Altersguthaben

Das Pensionskassengesetz ist ein Minimalgesetz; es verlangt nur gewisse Mindeststandards, die auch als Obligatorium bezeichnet werden.

So sind zum Beispiel nur Jahreseinkommen von 20 520 bis 82 080 Franken zwingend versichert (Stand 2009/2010).

Ein sogenanntes überobligatorisches Altersguthaben entsteht in erster Linie dann, wenn bei Gutverdienenden höhere Löhne versichert sind oder wenn Teilzeitler mit tiefen Lohnsummen in die Versicherung aufgenommen werden, obwohl sie die Eintrittsschwelle von 20 520 Franken im Jahr eigentlich nicht erreichen würden.

Stossend ist nun, dass viele Pensionskassen die beiden Töpfe (obligatorisches und überobligatorisches Altersguthaben) unterschiedlich behandeln dürfen, weil die gesetzlichen Vorschriften hier nicht gelten. Das tun die Kassen, indem sie zum Beispiel die beiden Töpfe unterschiedlich hoch verzinsen, indem sie das Überobligatorium überhaupt nicht verzinsen oder indem sie auf dem Überobligatorium einen tieferen Rentenumwandlungssatz zur Bestimmung der Altersrente anwenden. Da herrscht also Willkür.

Dieses Splitting hat noch andere Nachteile. Geschiedene Frauen beispielsweise, die vom Ehegatten einen Teil seines Vorsorgeguthabens gutgeschrieben erhalten, riskieren, dass ihre eigene Pensionskasse dieses Geld vollständig zum Überobligatorium schlägt – mit den negativen Folgen punkto Verzinsung und Rentenumwandlungssatz.

Unklar ist bei solchen Pensionskassen auch Folgendes: Wenn der gleiche Mann später wieder in die eigene Pensionskasse einzahlt, um die durch die Scheidungsauszahlung entstandene Vorsorgelücke zu füllen, kann es sein, dass die Pensionskasse dieses Geld auch wieder vollständig dem Überobligatorium zurechnet. Das wäre wegen der schlechteren Konditionen nicht im Sinne des Versicherten.

Ein anderes Problem: Wenn Versicherte Pensionskassengeld für Wohneigentum vorbeziehen, sollten sie darauf achten, aus welchem Topf die Kasse das Geld nimmt. Eine Entnahme aus dem Überobligatorium wäre im Sinne des Versicherten, die Entnahme aus dem Obligatorium bringt der Kasse Vorteile.

Die gleiche Problematik stellt sich, wenn der Vorbezug fürs Eigenheim wieder zurückbezahlt wird.

Tipp: Wenn man einen Vorbezug zurückzahlt, sollte man deshalb darauf achten, dass die Pensionskasse höchstens denjenigen Betrag dem überobligatorischen Guthaben anrechnet, der diesem Topf beim Bezug auch effektiv entnommen wurde.

Ein Beispiel: Ein Eigenheimbesitzer bezieht 100 000 Franken aus der Pensionskasse. 30 000 Franken stammen aus seinem überobligatorischen Guthaben.

Wenn er später 50 000 Franken zurückzahlt, muss die Pensionskasse mindestens 20 000 Franken dem obligatorischen Guthaben gutschreiben. So verlangt es das Bundesamt für Sozialversicherungen.

kasse: Soll man sich das Kapital bei der Pensionierung bar auszahlen lassen oder eine Rente beziehen? Oder eine Mischform wählen?

Das Gesetz schreibt vor, dass man sich mindestens einen Viertel des obligatorischen Altersguthabens als Kapital auszahlen lassen kann. Es gibt aber Pensionskassen, die auf Wunsch 100 Prozent des gesamten Alterskapitals auszahlen. Es lohnt sich, diesen Punkt im Reglement frühzeitig zu beachten. Beachten Sie auch die in Ihrer Pensionskasse geltenden Anmeldefristen für den Barbezug.

Ist der Entscheid «Rente oder Kapital» einmal gefällt, so lässt er sich nicht mehr rückgängig machen; er bleibt bis zum Tod bindend.

Eine lebenslange, garantierte Rente, um die man sich nicht küm-

INFO

Vergleich Rente – Kapital

Kriterium	Rente	Kapital
Einkommen	Fest, abhängig von bekannten Kriterien (Kapital, Umwandlungssatz), eventuell von der Inflation	Unbestimmt, abhängig vom Kapitalertrag und von der Lebenserwartung
Effekt für andere Personen	Ehepartner, Nachkommen, Konkubinatspartner werden je nach gesetzlichen Regelungen und Reglement der Pensionskasse begünstigt	Begünstigung von Ehepartner, Nachkommen und Konkubinatspartner gemäss Erbrecht möglich
Steuern	Renten sind zu 100 Prozent als Einkommen zu versteuern	Kapitalauszahlung wird nach eigenem Tarif besteuert, Kapitalerträge und Vermögen sind steuerpflichtig
Sicherheit	Rente ist garantiert	Je nach Anlageform. Z.B. Aktien eher unsicher, Immobilien eher sicher
Verfügbarkeit	Unflexibel: fixe, regelmässige Rentenauszahlung	Über das ganze Kapital kann frei verfügt werden
Aufwand	Keiner	Erfordert eine Anlagestrategie und deren periodische Kontrolle und allenfalls Anpassung
Vorteile	Regelmässig, sicher, kein Aufwand, Renten auch für Hinterbliebene	Geld steht zur freien Verfügung, im Todesfall fällt es den Erben zu
Nachteile	Keine finanzielle Flexibilität, im Todesfall bleibt das nicht als Rente ausbezahlte Kapital bei der Pensionskasse, Erben gehen leer aus, Teuerungsausgleich ungewiss	Unsicher: ungewisse Lebensdauer, unsichere Kapitalerträge. Erfordert Aufmerksamkeit (Anlagestrategie)

Kapital- oder Rentenbezug

(Teil-)Bezug Pensionskassenkapital	500 000.–
Kapitalauszahlungssteuer	– 50 000.–[1]
Kapital nach Steuern	450 000.–
Erwartete Rendite pro Jahr auf den Kapitalanlagen 3,5 %[2]	
Kapitalverzehr innert 25 Jahren	
Jährliches Nettoeinkommen bei Kapitalbezug	**26 400.–**
Pensionskassenrente pro Jahr	32 000.–[3]
Einkommenssteuern	– 8 000.–[4]
Jährliches Nettoeinkommen bei Rentenbezug	**24 000.–**

1 Annahme: 10 % (je nach Wohnort unterschiedlich); **2** Entspricht der langfristigen Nettorenditeerwartung (nach Steuern) eines Anlageportfolios, das zu 75 % aus festverzinslichen Anlagen und zu 25 % aus Aktien besteht; **3** Annahme: Rentenumwandlungssatz 6,4 %; **4** Annahme: Grenzsteuersatz 25 %. Alle Angaben in Franken

Quelle: VZ Vermögenszentrum

mern muss, oder ein grosser Geldbetrag auf einmal, den man während der verbleibenden Jahre verbrauchen kann – diese beiden Alternativen sind einander ziemlich diametral entgegengesetzt.

Und beide haben ihre Vor- und Nachteile (siehe Kasten auf der vorhergehenden Seite). Eine allgemeine Empfehlung, welche der beiden Varianten besser ist, gibt es nicht.

Allerdings ist der Bezug des Kapitals eher Personen zu empfehlen, die sich bereits früher intensiv mit Geldanlagen beschäftigt haben, und solchen, die eher gut situiert sind. Letztere fahren aus steuerlichen Gründen tendenziell besser als mit der Rente.

Der Entscheid muss vor der Pensionierung gefällt werden und kann danach nicht mehr revidiert werden. Deshalb sollte man ihn sich sehr gründlich überlegen. Für einen seriösen Entscheid empfiehlt es sich, beide Varianten mit den steuerlichen Folgen möglichst genau auszurechnen. Im Zweifelsfall lohnt es sich, Hilfe von einer Fachperson zu holen.

Eine Möglichkeit ist auch, sich nur einen Teil des Kapitals auszahlen zu lassen und den Rest in eine Rente umzuwandeln. Wichtig ist zu wissen, dass man je nach Pensionskasse diesen Entscheid bis drei Jahre vorher anmelden muss.

Eine ausführliche Gegenüberstellung der beiden Varianten finden Sie auch im Internet auf www.ktipp.ch unter «Service» und «Merkblätter» zum Herunterladen.

Oft lohnt sich ein Einkauf in die Pensionskasse

Es kommt oft vor, dass Pensionskassenversicherte noch nicht die vollen reglementarischen Leistungen der Pensionskasse zugut haben, weil sie beispielsweise nicht immer erwerbstätig waren. Da kann sich ein Einkauf lohnen –

auch weil man sich Stück für Stück einkaufen und so bei den Steuern unter Umständen mehr als einmal die sogenannte Progression brechen kann.

Zudem erkaufen sich Versicherte mit einem Einkauf höhere Alters- und Risikoleistungen. Dazu kommt, dass Pensionskassengelder oft mit einem Zinssatz verzinst werden, der über den banküblichen Sparzinsen liegt.

Fragen Sie deshalb bei der Kasse nach, ob und mit welchem Betrag Sie sich einkaufen können.

Mit wie viel Geld kann man sich zusätzlich in die Pensionskasse einkaufen?

Die Rechnung wird so gemacht: Ausgehend vom jetzigen Verdienst wird ermittelt, wie viel die Person aufgrund der reglementarischen Beiträge bereits hätte sparen können, wenn sie immer in der Kasse versichert gewesen wäre. Dabei wird vom 25. Altersjahr ausgegangen, und es werden für alle Jahre die entsprechenden Beiträge ermittelt.

Von dieser Summe werden dann das effektiv vorhandene Altersguthaben sowie allfällige nicht in die Pensionskasse einbezahlte Freizügigkeitsgelder abgezogen – die Differenz ergibt somit die Einkaufssumme.

Hier noch ein paar Details zum Einkauf in die Pensionskasse:

- Der Einkauf ist nur bis zur Höhe der reglementarischen Leistungen möglich.

- Wer Kapital für Wohneigentum vorbezogen hat, kann Einkäufe in die Pensionskasse erst wieder von den Steuern absetzen, wenn alle Vorbezüge zurückbezahlt sind. Es

---

INFO

Pensionskassengeld für den Immobilienkauf

Wer ein Haus oder eine Eigentumswohnung kauft, kann dafür einen Teil seines Pensionskassenkapitals verwenden (und übrigens auch der Säule-3a-Gelder). Beim Bezug von Pensionskassenkapital gibt es Folgendes zu beachten:

- Bei Ehepaaren müssen beide Partner einverstanden sein.
- Der Bezug von Pensionskassengeld ist nur für selbst bewohnte Immobilien und bis spätestens drei Jahre vor Erreichen des Pensionierungsalters erlaubt. Wird das Haus oder die Wohnung vermietet oder wieder verkauft, muss das Geld an die Pensionskasse zurückgezahlt werden.
- Eine Rückzahlung ist auch freiwillig möglich.
- Solange man einen solchen Vorbezug getätigt hat, darf man sich nicht mehr steuerbegünstigt in die Kasse einkaufen, also zum Beispiel fehlende Beitragsjahre nachzahlen.
- Wird ein Vorbezug wieder zurückgezahlt, kann dieser nicht von den Steuern abgezogen werden. Hingegen kann der beim Vorbezug gezahlte Steuerbetrag zurückgefordert werden (allerdings ohne Zins).
- Der Vorbezug muss versteuert werden; die Ansätze für solche Barauszahlungen unterscheiden sich je nach Gemeinde und Kanton stark.
- Die spätere Altersleistung verringert sich natürlich um den Betrag des Vorbezugs. Unter Umständen werden auch die Risikoleistungen (Beispiel Invalidenrente) tiefer.

spielt dabei keine Rolle, wann das Geld bezogen wurde.

■ Der Mindestbetrag für die Rückzahlung eines solchen Bezugs beträgt 20 000 Franken, ausser der noch nicht zurückgezahlte Teil des Bezugs beträgt weniger als 20 000 Franken.

■ Einkäufe in die Pensionskasse dürfen frühestens nach drei Jahren als Kapital bar bezogen werden. Man kann also nicht mit 63 seine Pensionskasse aufstocken, das Geld dann mit 65 beziehen und so Steuern sparen (sondern man muss die Rente nehmen). Das betrifft auch einen Bezug für die Finanzierung eines Eigenheims.

Ausnahme: Bei einer Scheidung wird das Pensionskassenvermögen geteilt. Wer sich dann wieder einkauft, um die entstandene Lücke zu füllen, darf dieses Geld noch innerhalb von drei Jahren wieder beziehen.

Ebenso wenig müssen für Einkäufe nach einer Scheidung frühere Bezüge für die Finanzierung eines Eigenheims wieder zurückgezahlt werden.

■ Kaufen sich Selbständigerwerbende in die Pensionskasse ein, wird berücksichtigt, was sie früher in die 3. Säule eingezahlt haben.

■ Rentenkürzungen infolge Frühpensionierung kann man mit zusätzlichen Einkäufen auffangen.

■ Es kann vorkommen, dass jemand beispielsweise mit 60 zwangsweise frühpensioniert wird und das Pensionskassenguthaben bar bezieht. Findet eine solche Person wieder eine Stelle, kann es sein (je nach Reglement), dass sie sich in beschränktem Mass wieder in die neue Pensionskasse einkaufen kann, um Steuern zu sparen. Fragen Sie Ihre neue Kasse nach den Details.

■ Denken Sie daran, dass freiwillige Einkäufe in die Pensionskasse immer im Überobligatorium landen, was für die versicherte Person nachteilig ist (siehe Kasten auf Seite 22). Viele Pensionskassen und Sammeleinrichtungen weisen sogar Rückzahlungen von Vorbezügen und Nachzahlungen von Vermögensteilungen nach der Scheidung dem Überobligatorium zu, obwohl dieses Geld ursprünglich dem obligatorischen Topf entnommen wurde.

Alles Wichtige zur Pensionskasse finden Sie im Saldo-Ratgeber «Gut vorsorgen: Pensionskasse, AHV und 3. Säule». Sie können das 218-seitige Buch über Telefon 044 253 90 70 bestellen oder im Internet auf www.saldo.ch.

Die 3. Säule: Ein weiteres Standbein für das Pensioniertenleben

AHV und Pensionskasse sind obligatorisch – die 3. Säule hingegen ist freiwillig. Doch Vorzugszinsen und Steuerbonus machen die Säule 3a zu einem attraktiven Vorsorgeinstrument.

Unter Finanzratgebern gelten Einzahlungen in die 3. Säule als gutes Investment – aus drei Gründen:

■ Die Sparerinnen und Sparer erhalten einen Vorzugszins, der sich

deutlich von den normalen Zinsen für Sparkonten abhebt.
- Die 3. Säule ist steuerbegünstigt; das erhöht die Rendite markant. Eine Faustregel besagt, dass ein Drittel der Einzahlung in Form von Steuerersparnis wieder zum Sparer zurückfliesst. Das gilt insbesondere bei steuerbaren Einkommen von rund 100 000 Franken und mehr; wer weniger verdient, profitiert entsprechend weniger.

Die Steuerpflicht tritt immer erst zum Zeitpunkt des Bezugs beziehungsweise bei Erreichen des AHV-Alters ein.
- Die 3. Säule (auch Säule 3a genannt) ist ein langfristiges Sparinstrument; das Geld ist «gebunden», steht also dem Sparer und der Sparerin im Prinzip frühestens fünf Jahre vor Erreichen des AHV-Alters zur Verfügung. So kommt der Zinseszinseffekt voll zum Tragen.

In die steuerlich begünstigte Säule 3a können Sparfreudige nicht à discrétion einzahlen:
- Für Selbständigerwerbende, die keiner Pensionskasse angeschlossen sind, liegt das Maximum bei 20 Prozent des Erwerbseinkommens (aber höchstens 32 832 Franken, Stand 2009/2010).
- Erwerbstätige mit Pensionskasse dürfen maximal 6566 Franken einzahlen (Stand 2009/2010).
- Der Betrag von 6566 Franken gilt auch für Teilzeitlerinnen und Teilzeitler, falls sie einer Pensionskasse angeschlossen sind.
- Teilzeitler ohne Pensionskasse können bis 20 Prozent ihres Erwerbseinkommens in die Säule 3a einzahlen.

**Details zum Einzahlen:
Die wichtigsten Tipps**
- Äufnen Sie die 3. Säule bei der Bank und nicht bei einer Versicherung. Wer bei einer Versicherungsgesellschaft die beiden Komponenten Sparen und Sichversichern zusammen abschliesst, fährt schlechter. Besser ist es, die beiden Prozesse zu trennen.
- Die Einzahlungen sind freiwillig. Niemand ist verpflichtet, der Bank immer den gleichen Betrag zu zahlen. Wer zwischendurch ein oder auch mehrere Jahre aussetzt, erleidet dadurch keine Nachteile.
- Bei doppelt verdienenden Ehepaaren dürfen beide unabhängig voneinander einzahlen. Ein Übertrag vom Konto des einen Partners auf das Konto des anderen Partners ist im Normalfall nicht möglich (aber bei der Scheidung).
- Zahlen Sie nach Möglichkeit früh im Jahr ein; so profitieren Sie länger vom Vorzugszins.
- Wer in einem früheren Jahr den maximal erlaubten Betrag nicht eingezahlt hat, darf dies in einem späteren Jahr nicht nachholen (im Gegensatz zur 2. Säule, wo nachträgliche Einkäufe erlaubt sind. Dieses Nachholen ist auch nicht gestattet, wenn man einen Vorbezug für den Kauf von Wohneigentum getätigt hat.
- Nach Erreichen des AHV-Alters – 65 für Männer, 64 für Frauen – darf man im Prinzip nicht mehr einzahlen. Wer allerdings zum Beispiel Mitte 2009 pensioniert wird, darf

Anfang 2009 noch den vollen Betrag überweisen.

- Zu dieser Regel gibt es aber seit Anfang 2008 eine Ausnahme: Wer über das ordentliche Pensionierungsalter hinaus arbeitet, kann jetzt bis zur effektiven Erwerbsaufgabe weiter in die Säule 3a einzahlen sowie den (auch gestaffelten) Bezug um maximal fünf Jahre aufschieben: Frauen somit bis zum 69. Altersjahr, Männer bis zum 70.
- Es ist erlaubt, zwei oder allenfalls mehr Konten für die 3. Säule bei verschiedenen Banken (oder auch bei der gleichen Bank) zu eröffnen. Das erlaubt später einen gestaffelten Bezug, und dadurch ist es in vielen Kantonen möglich, die Steuerprogression zu brechen. Mehr als fünf Konten zu eröffnen, ist allerdings nicht sinnvoll.

Ein gestaffelter Bezug ist auch möglich, wenn man mehrere Konten bei der gleichen Bank hat.

- Freiwillige Mehrzahlungen an die Säule 3a sind in keinem Fall statthaft. Zahlt man zu viel ein, wird das zuständige Steueramt den Sparer auffordern, bei der Bank den zu viel eingezahlten Betrag zurückzuverlangen.
- Hat eine versicherte Person mehrere Vorsorgekonten der Säule 3a eröffnet, so darf die gesetzlich limitierte Beitragshöhe gesamthaft auch in diesem Fall nicht überschritten werden. Es ist nicht möglich, den Maximalansatz für die steuerwirksamen Abzüge mit mehreren Konten zu unterlaufen.
- Wie bei der Pensionskasse ist es auch bei der Säule 3a möglich, das Geld für den Kauf von Wohneigentum oder für den Schritt in die Selbständigkeit vorzubeziehen.

Die Besteuerung der Auszahlung der 3. Säule

Bei der Auszahlung der 3. Säule (Sparsumme inkl. Zinsen bzw. Kapitalgewinne) ist eine milde, von Kanton zu Kanton unterschiedlich hohe, progressive Besteuerung zum Sondertarif (getrennt vom übrigen Einkommen) fällig.

Diese Steuer frisst zwischen 5 und 10 Prozent des ausbezahlten Betrages weg (abhängig von der Auszahlungssumme). Die Höhe der Besteuerung ist von Kanton zu Kanton unterschiedlich. Massgebend für die Besteuerung ist das Steuerdomizil und nicht der Sitz der Bank. Es könnte sich also – rein finanziell betrachtet – lohnen, vor dem Bezug zu zügeln.

Wer mehrere Konten hat, sollte sie gestaffelt auflösen; in vielen Kantonen sowie beim Bund kann das eine markante Steuerersparnis bringen.

Aber nicht überall: Einige Kantone zählen die Kapitalleistungen zusammen (sogar inklusive Barbezüge von Pensionskassenguthaben), sodass hier der Steuerspareffekt einer gestaffelten Auflösung nicht spielt.

Wie lange der Trick mit dem Kontensplitting noch funktioniert, ist offen. Dieses Steuerschlupfloch war ursprünglich nicht vorgesehen. Es ist darum möglich, dass es auch beim Bund und in den übrigen Kantonen über kurz oder lang geschlossen wird.

Kapitalauszahlungen von Ehegatten im gleichen Jahr werden grundsätzlich zusammengezählt.

Mehr zum Thema Steuern steht im K-Tipp-Ratgeber «So sparen Sie Steuern». Sie können ihn über Tel. 044 253 90 70 oder im Internet über www.ktipp.ch bestellen.

Beginnen Sie frühzeitig mit Ihrer Planung

Für die Erstellung der persönlichen Bilanz bezieht man auch alle weiteren Einkünfte und Vermögenswerte ein. Das können sein: Alimente, Mieteinnahmen, Liquidität – also Bankkonten – Wertpapiere, Immobilien, Lebensversicherungen, zu erwartende Erbschaften sowie weitere persönliche Gegenstände mit substanziellem Wert.

Die Bilanz erstellt man wie erwähnt am besten früh und überprüft sie periodisch. Ein möglicher Fahrplan dafür kann zum Beispiel so aussehen:

Mit 50: Verschaffen Sie sich einen ersten Überblick

■ Als Erstes tragen Sie alle Informationen und Unterlagen zusammen wie Steuererklärung, Ausweise und Reglemente von AHV, Pensionskasse, 3. Säule, Versicherungen, Bankunterlagen, Dokumente über Immobilienbesitz.

■ AHV: Lassen Sie bei der AHV Ihre voraussichtliche Rente berechnen (siehe Details auf Seite 18 ff.).

■ Pensionskasse: Schauen Sie im Versicherungsausweis nach, wie viel Kapital Sie zum Zeitpunkt der Pensionierung voraussichtlich an-

INFO

Die Zukunft ist ungewiss

Zurzeit sind die Aussichten für die Altersvorsorge ungewisser als noch vor 10 oder 20 Jahren, und das sollte in der Planung berücksichtigt werden:

■ Wegen der Finanz- und Wirtschaftskrise verschulden sich viele Staaten – weltweit könnte die Inflation massiv steigen.

■ Die Diskussion um die Sicherung der Altersvorsorge wird heftig geführt. Die Verzinsung des Pensionskassenkapitals und der Rentenumwandlungssatz könnten sich weiter zu Ungunsten der Versicherten ändern.

■ Auch um die AHV wird gestritten. Nachdem das Volk im Jahr 2004 die 11. AHV-Revision an der Urne abgelehnt hat, ist zwar zurzeit keine einschneidende Änderung in Sicht, aber längerfristig ist eine Erhöhung des Rentenalters keineswegs ausgeschlossen.

gespart haben werden und wie hoch die mutmassliche Rente sein wird. Oder schätzen Sie ab, wie viel Ertrag Sie erzielen können, falls Sie das Kapital bei der Pensionierung bar beziehen und anlegen.

■ 3. Säule: Machen Sie die gleiche Kalkulation wie bei der 2. Säule.

■ Weitere Einkünfte und Vermögenswerte: Addieren Sie, was Ihnen sonst noch in welcher Form im Zeitpunkt der Pensionierung zur Verfügung stehen könnte.

■ Vergessen Sie die Schulden nicht. Dazu gehören Hypotheken, Kleinkredite und Privatschulden.

■ Schätzen Sie ab, wie viel Geld Sie nach der Pensionierung benötigen werden. Gehen Sie vom aktuellen Bedarf aus und erstellen Sie daraus ein korrigiertes Budget.

Veränderungen ergeben sich etwa durch den Wegfall der Fahrtkosten zur Arbeit und allenfalls andere arbeitsbedingte Aufwände.

Dafür werden Sie wohl mehr Freizeitausgaben haben; und vielleicht wollen Sie ein teures Hobby intensiver pflegen. Möglicherweise möchten Sie umziehen, wodurch sich Wohnkosten und Steuerbelastung verändern können.

- Stellen Sie die so berechneten Einkünfte und Ausgaben einander gegenüber. Falls eine grosse Differenz besteht, ist jetzt noch Zeit, zu korrigieren. Über 15 Jahre können Sie mit konsequentem Sparen und Einkäufen in die Pensionskasse noch viel erreichen.
- Versicherungen: Zusatzversicherungen bei Krankenkassen sind im fortgeschrittenen Alter schwieriger abzuschliessen. Jetzt ist ein guter Zeitpunkt, sich allenfalls einen Neuabschluss zu überlegen (siehe auch Seite 84 ff.).

- Frühpensionierung: Machen Sie sich erste Gedanken über den gewünschten Zeitpunkt Ihrer Pensionierung. Kalkulieren Sie, wie sich Ihre finanzielle Situation dadurch verändern würde.

Mit 55: Passen Sie Ihre Planung an

- Kontrollieren Sie die Aufstellungen aus dem ersten Überblick und überprüfen Sie, wie weit sich die finanzielle Situation seitdem geändert hat.
- Achten Sie darauf, welche Eckdaten, zum Beispiel gesetzliche Grundlagen oder Zinssätze, sich wie verändert haben.
- Überprüfen Sie, ob sich Ihre eigenen Bedürfnisse und Vorstellungen verändert haben.
- Rechnen Sie Ihr Budget auf Grund dieser korrigierten Werte noch einmal durch. Wenn Sie feststellen, dass Sie deutlich weniger Einkommen haben werden, als Sie gemäss diesem Budget haben müssten, machen Sie sich mit dem Gedanken vertraut, dass Sie sich entweder bei den Ausgaben einschränken oder zusätzliche Einnahmen erzielen müssen, etwa mit einem Teilzeitjob über die Pensionierung hinaus.
- Denken Sie vertieft darüber nach, wie und wo Sie nach der Pensionierung wohnen möchten. Ein Hauskauf und vor allem das Auswandern ins Ausland müssen langfristig geplant werden.
- Falls Sie Hypotheken auf Immobilien besitzen, machen Sie sich Gedanken, ob Sie diese amortisieren wollen oder nicht.

INFO

Vorsorgerechner im Internet

Im Internet finden sich viele Vorsorgerechner, die bei der Berechnung des nötigen Sparbetrags helfen. Hier eine Auswahl:

www.raiffeisen.ch → Berechnungstools. Dieser Rechner lässt sich mit vielen Informationen füttern und zeigt einem die Einkommenssituation nach der Pensionierung oder stellt auch die finanzielle Perspektive einer Frühpensionierung dar.

www.credit-suisse.com → Vorsorge → Übersicht Vorsorgerechner

www.ubs.ch → Gesamtangebot für Privatkunden → Finanzberatungstools

www.vz-online.ch → Pensionierung planen → Vergleiche & Rechner

www.zkb.ch → Privatkunden → Service Center → Rechner & Checklisten

Mit 60: Jetzt können Sie schon recht genau planen
- Überprüfen Sie erneut Ihre finanzielle Situation und analysieren Sie genau, was sich seit dem letzten Mal geändert hat. Den Effekt von Pensionskassen- und 3.-Säule-Guthaben können Sie nun schon recht genau berechnen.
- Kontrollieren Sie Ihr Budget und passen Sie es an – auch die Ausgaben sind jetzt schon besser abschätzbar. Stellen Sie eine Lücke fest, ist es jetzt höchste Zeit zu versuchen, sie zu schliessen. Stellen Sie fest, dass Sie mehr zur Verfügung haben, als Sie zum Leben brauchen, machen Sie sich Gedanken, was Sie mit dem Überschuss anfangen wollen. Möglichkeiten sind etwa, das Geld in Wertpapiere oder Immobilien zu investieren oder es jemandem weiterzugeben, zum Beispiel als Erbvorbezug oder Darlehen.
- Überprüfen Sie, ob und wie sich Ihre eigenen Bedürfnisse und Vorstellungen verändert haben.
- Überlegen Sie, wie sich Ihre Bedürfnisse nach der Pensionierung verändern. Brauchen Sie das Auto nicht mehr, können Sie auf Versicherungen verzichten, brauchen Sie mehr oder weniger Wohnraum, wollen Sie den Wohnort verlegen?
- Falls Sie eine Frühpensionierung erwägen – und sich leisten können –, ist jetzt der Moment da, den Zeitpunkt festzulegen.
- Der Entscheid, ob Sie Ihr PK-Guthaben als Rente oder als Kapital beziehen wollen, rückt näher; einige Kassen verlangen die Anmeldung spätestens drei Jahre vorher.
- Überlegen Sie sich, wie Sie ausbezahltes Kapital – oder andere Vermögensteile – anlegen wollen.

Vor der Pensionierung: Jetzt ist alles Wichtige entschieden
Wenn Sie erst jetzt anfangen, sich grundsätzliche Gedanken zu machen, ist es zu spät. Selbstverständlich können Sie jetzt noch umziehen in eine andere Gemeinde, in eine andere Wohnung. Und Sie können sich ebenfalls erst jetzt entscheiden, Ihr Pensionskassenkapital auf ein Sparkonto zu überweisen oder in Aktien anzulegen.

Aber wenn Sie erst jetzt entdecken, dass Ihr Einkommen aus AHV und Pensionskasse nur noch halb so hoch ist wie Ihr letzter Lohn, bleibt Ihnen nichts anderes übrig, als sich entweder einen Zusatzverdienst zu suchen oder sich massiv einzuschränken und allenfalls Träume zu begraben.

Überprüfen Sie dennoch Ihre Situation genau, jetzt haben Sie alle Zahlen vorliegen: Wie viel Rente Sie erhalten, wie viel Kapital Sie auf der Seite haben, über was für Werte wie Immobilien Sie sonst noch verfügen, wie viel Geld Sie für Ihren Lebensunterhalt benötigen. Jetzt ist auch der Moment zu entscheiden, ob Sie sich von Ihrem angesparten Kapital eine Leibrente kaufen oder das Geld selber verwalten und verzehren wollen.

Achtung: Die AHV-Rente kommt nicht automatisch, dafür muss man sich vorher bei der Ausgleichskasse anmelden, bei der man zuletzt Beiträge bezahlt hat.

Das Formular steht auch auf der Site www.ahv-iv.info zum Herunterladen bereit.

Pensionsalter 64/65 ist nicht mehr sakrosankt

Viele Leute beenden das Erwerbsleben bereits vor dem normalen AHV-Alter: Knapp ein Drittel der Schweizerinnen und Schweizer beziehen bereits ein Jahr vor dem ordentlichen Pensionsalter eine Altersrente.

Es sind vor allem zwei Gruppen, die früher aussteigen: Einerseits materiell gut gestellte Personen, die sich dies leisten können, und anderseits solche mit tiefem Einkommen, die Anrecht auf Ergänzungsleistungen haben.

Bei gewissen Pensionskassen ist dies mit voller Rente möglich, bei anderen wird die Rente reduziert. In wirtschaftlich schwierigeren Zeiten werden Leute auch zwangsweise frühpensioniert, mit Glück hilft einem ein Sozialplan finanziell über die Runden.

Bei der AHV ist es möglich, ein oder zwei Jahre vor dem ordentlichen Alter die Rente zu beziehen, diese wird dann lebenslang gekürzt (siehe Kasten unten). Ausserdem muss man bis zum regulären Pensionsalter weiterhin AHV-Beiträge zahlen.

Das Pensionskassengesetz erlaubt die Frühpensionierung frühestens mit 58 Jahren, allerdings nützen nicht alle Kassen diesen Spielraum aus. Manchmal unterstützt auch der Arbeitgeber die Frühpensionierung mit Überbrückungsrenten bis zum Erreichen des ordentlichen AHV-Alters.

Frühpensionierung: Meist eine Frage des Geldes

Der Entscheid für eine Frühpensionierung ist meist vor allem von der finanziellen Situation abhängig. Frühpensionierung bedeutet zum einen, dass der Lohn wegfällt, dass AHV- und Pensionskassenrenten tiefer ausfallen und dass man das übrige Ersparte früher «anknabbern» muss.

Auf der anderen Seite spart man möglicherweise Steuern, und je nach Budget kann die Pensionierung mit tieferen Lebenshal-

Rentenvorbezug bei der AHV: Möglichkeiten und Kürzungssätze

Jahr	Frauen			Männer		
	Geburtsjahr	Vorbezug	Kürzung	Geburtsjahr	Vorbezug	Kürzung
Ab 2009	1946	1 Jahr	3,4%	1945	1 Jahr	6,8%
	1947	2 Jahre	6,8%	1946 und jünger	2 Jahre	13,6%
Ab 2010	1947	1 Jahr	3,4%	1946	1 Jahr	6,8%
	1948 und jünger	2 Jahre	13,6%	1947 und jünger	2 Jahre	13,6%

tungskosten verbunden sein. Wer finanziell gut gestellt ist, kann frühzeitig die Pensionskasse möglichst gut ausstatten.

Schliesslich ist es auch möglich, vor dem regulären Pensionsalter mit Arbeiten aufzuhören, aber den Lebensunterhalt nicht aus den Renten, sondern aus dem Ersparten zu bestreiten, etwa indem man Guthaben der 3. Säule auflöst. In diesem Fall erhält man später die normalen AHV- und Pensionskassen-Renten ausbezahlt.

Länger arbeiten: Das Gegenteil von Frühpensionierung
Anderseits gibt es viele Leute, die voll oder zumindest teilweise über das reguläre Pensionsalter hinaus arbeiten: 2008 waren es rund 100 000 Personen im Alter von 65 bis 74 Jahren, das ist ungefähr jede siebte.

Die meisten davon waren selbständigerwerbend oder arbeiteten im Familienbetrieb mit.

Wer aus diesem Grund seine AHV-Rente erst später bezieht, erhält einen Zuschlag. Dieser beträgt je nach Bezugsbeginn 5,2 bis maximal 31,5 Prozent, maximal kann der AHV-Bezug um fünf Jahre hinausgeschoben werden.

Wer über das Pensionsalter hinaus arbeitet, muss keine Pensionskassen-Beiträge mehr zahlen, bekommt aber auch keine höhere Rente.

Etwas anders liegt der Fall bei der AHV: Wer über das übliche Rentenalter hinaus erwerbstätig ist, muss auch weiterhin Prämien zahlen.

Rentenaufschub: Die Zuschläge

Aufschub um ...	Rentenzuschlag in Prozent
1 Jahr bis 1 Jahr und 2 Monate	5,2
bis 1 Jahr und 5 Monate	6,6
bis 1 Jahr und 8 Monate	8,0
bis 1 Jahr und 11 Monate	9,4
bis 2 Jahre und 2 Monate	10,8
bis 2 Jahre und 5 Monate	12,3
bis 2 Jahre und 8 Monate	13,9
bis 2 Jahre und 11 Monate	15,5
bis 3 Jahre und 2 Monate	17,1
bis 3 Jahre und 5 Monate	18,8
bis 3 Jahre und 8 Monate	20,5
bis 3 Jahre und 11 Monate	22,2
bis 4 Jahre und 2 Monate	24,0
bis 4 Jahre und 5 Monate	25,8
bis 4 Jahre und 8 Monate	27,7
bis 4 Jahre und 11 Monate	29,6
5 Jahre	31,5

Den Aufschub muss man spätestens ein Jahr nach Erreichen des ordentlichen Rentenalters bei der AHV anmelden. Die minimale Aufschubdauer beträgt ein Jahr. Danach ist die Rente jederzeit abrufbar.

Übrigens: Wer über das ordentliche Rentenalter hinaus arbeitet, kann den Bezug seines Säule-3a-Vermögens ebenfalls bis maximal fünf Jahre aufschieben.

Finanzielle Situation bei der Pensionierung
Jetzt zeigt sich, ob das Geld reicht

Zum Zeitpunkt der Pensionierung ist die finanzielle Situation klar. Wer nicht wirklich reich ist, kommt wohl nicht darum herum, sich jetzt mit seinem Budget zu befassen.

Ein Jahr vor der Pensionierung sind alle wichtigen finanziellen Weichen bereits gestellt. Wenn Sie jetzt erst merken, dass Sie nur die AHV und eine magere Pensionskassenrente haben, ist es fürs Sparen zu spät. Umso wichtiger und sinnvoller ist es, für die Zeit nach der Pensionierung ein neues Budget zu erstellen.

Die Einnahmenseite wurde im letzten Kapitel beschrieben. Sie sollte – und kann durchaus – frühzeitig, schon während der letzten 10 oder gar 15 Jahre des Erwerbslebens kalkuliert und so gut wie möglich gesteuert werden.

Zum Zeitpunkt der Pensionierung sollte man sich allerdings vertieft Gedanken darüber machen, wie man Vermögenswerte anlegt, die man nicht unmittelbar fürs Leben braucht. Das Geld soll ja möglichst lange reichen.

Wichtig ist eine gute Anlagestrategie

Falls Sie flüssiges Kapital haben, sei es auf einem Bankkonto, in Obligationen, in Aktien oder wie auch immer, so bedenken Sie, dass Ihr Anlagehorizont nicht mehr endlos ist. Und dass Sie möglicherweise froh sind, wenn Sie wegen einer besonderen Situation oder gar Notlage kurzfristig darüber verfügen können.

Es empfiehlt sich deshalb, nun keine spekulativen Investitionen mehr einzugehen und nicht auf verlockende Renditeversprechen hereinzufallen.

Am besten ist es, das Geld auf verschiedene Töpfe zu verteilen, etwa einen Teil auf einem Bankkonto, einen anderen Teil in Festgeld, einen dritten vielleicht in gut verkäuflichen Obligationen.

Falls es Ihre Situation erlaubt, können Sie auch einen Teil in Aktien anlegen; allerdings kann es dann passieren, dass Sie etwa für grössere Pflegekosten diese Aktien in einem ungünstigen Moment zu einem schlechten Kurs verkaufen müssen.

Für wie lange muss das Geld reichen?

Die grosse Frage ist, wie man angespartes Kapital so verbrauchen kann, dass man nicht ein paar Jahre vor dem Lebensende mit leeren Händen oder allenfalls mit einer bescheidenen Rente dasteht und damit man anderseits nicht beim Tod einen grossen Haufen Geld hinterlässt.

Wobei die zweite Variante wesentlich weniger unangenehm ist, denn immerhin hat man zu Lebzeiten Geld gehabt, das man verbrauchen konnte, und was übrigbleibt, kann man per Testament oder per normalen Erbgang an andere weitergeben.

Aber dennoch möchte man in der Regel wohl, dass man das wohlverdiente Ersparte auch geniessen kann.

Auch wenn es eher spekulativ ist, empfiehlt es sich doch, einen persönlichen Fahrplan für den Verbrauch des Kapitals aufzustellen.

Heute hat ein Mann zum Zeitpunkt der Pensionierung statistisch betrachtet noch 17,1 Jahre zu leben, eine Frau 20,8 Jahre. Das heisst, dass man den Kapitalverzehr auf diese Frist ausrechnen sollte, zur Sicherheit besser mit einer Spanne von zusätzlichen fünf Jahren.

Für eine solche doch recht lange Frist ist auch wichtig, wie gut das angelegte Kapital rentiert. Je nach Anlageform berücksichtigt man also eine Verzinsung, die das Geld etwas «streckt».

Allerdings ist diese Verzinsung genau wie die Abschätzung der verbleibenden Lebensjahre reine Spekulation. Über eine sehr lange Zeitspanne sind Aktien bekanntlich die beste Investition: von 1926 bis 2002 brachten Schweizer Aktien eine durchschnittliche jährliche Wertsteigerung von 7,7 Prozent, Obligationen erzielten im Schnitt 4,5 Prozent.

Doch wie trügerisch solche langfristigen Betrachtungen sind, zeigt etwa der Blick in die jüngste Vergangenheit, die durch die weltweite Finanzkrise von 2008 geprägt war: Der SMI als Index für Schweizer Aktien lag im Frühling 2009 fast 20 Prozent tiefer als Anfang 1998 – und diese Zeitspanne von zehn Jahren entspricht der halben restlichen Lebenserwartung bei der Pensionierung.

Konkret: Wer vor zehn Jahren bei der Pensionierung sein Geld in Aktien angelegt hat, kann heute nicht einen Gewinn verbuchen, sondern muss sogar einen empfindlichen Verlust hinnehmen.

Eine solche Berechnung sollte auf jeden Fall zusammen mit einer Fachperson erstellt oder von ihr überprüft werden. Ein Merkblatt über die «Sicherung des Einkommens nach der Pensionierung» steht auf www.ktipp.ch zum Download zur Verfügung.

Lebenslang garantiert: Die Leibrente

Wer Erspartes hat, muss sich die wichtige Frage stellen: Wie kann ich dieses Geld sinnvoll zur Sicherstellung oder Ergänzung meines Einkommens im Alter einsetzen?

Grundsätzlich gibt es dazu fünf Möglichkeiten (beziehungsweise eine Kombination davon):

1. Sie können Immobilien kaufen und von den Mieterträgen zehren.
2. Sie können Obligationen kaufen und die Zinsen kassieren.

IN DIESEM KAPITEL

34 Für Flüssiges: Die Anlagestrategie
35 Die Leibrente: Das müssen Sie wissen
37 So viel bringt die Leibrente im Alter
38 Checkliste: Der richtige Abschluss einer Leibrente
40 Zentral: Die Ausgabenseite
41 Wenns nicht aufgeht: Wo kann man sparen?
41 So erstellen Sie ein Budget
43 Zusatzverdienst
43 Die Ergänzungsleistungen
46 Hypothek: Amortisieren oder nicht?

3 Finanzen II: Bei der Pension

> **RECHNUNG**
>
> **Kapitalverzehr**
>
> Auf einen Zeitraum von 25 Jahre gerechnet, können Sie pro 100 000 Franken bei verschiedenen Zinssätzen folgenden Betrag pro Jahr beziehen, damit das Geld erst am Ende der Frist aufgebraucht ist:
>
> **2 Prozent: 5100 Franken**
> **3 Prozent: 5700 Franken**
> **4 Prozent: 6400 Franken**
> **5 Prozent: 7000 Franken**
>
> Für ein anderes Ausgangskapital ist der Auszahlungsbetrag proportional umzurechnen.
>
> Beachten Sie zum Thema Vorsorgerechner auch die Hinweise im Kasten auf Seite 30.

3. Sie können Aktien kaufen und die Dividenden kassieren.

Bei diesen ersten drei Möglichkeiten bleibt Ihr Kapital (die Substanz) erhalten. Sie müssen aber in der Lage sein, Ihr Geld aktiv zu bewirtschaften, oder Sie benötigen dazu professionelle Hilfe.

4. Die vierte Möglichkeit ist der Substanzverbrauch: Sie nehmen sich vor, Ihr Erspartes über eine gewisse Zeit aufzubrauchen.

Wenn Sie das beispielsweise in einem Zeitraum von zehn Jahren tun, resultiert daraus ein Einkommen von jährlich 11 bis 13 Prozent des Anfangskapitals.

Dieses Vorgehen (oft auch Kapitalentnahmeplan genannt) gibt Ihnen die maximale Flexibilität – aber wenn das Kapital aufgebraucht ist, stehen Sie mit leeren Händen da.

Im Internet gibt es Rechner, mit denen Sie solche Entnahmepläne durchrechnen können (zum Beispiel auf www.rente-oder-kapital.ch unter «Zeitrenten-Rechner»).

Die Leibrente: Eine bequeme und sichere Lösung

5. Die fünfte Möglichkeit ist die private Leibrente: Sie vertrauen Ihr Erspartes einer Lebensversicherungsgesellschaft an, und die Gesellschaft garantiert Ihnen dafür im Gegenzug eine Rente in der abgemachten Höhe – und zwar lebenslang.

Bei der Leibrente wird die Substanz ebenfalls aufgebraucht.

Die Leibrente ist eine Variante für Leute, die sich nicht aktiv um ihr Vermögen kümmern können oder wollen.

Vor dem Abschluss: Drei wichtige Entscheide treffen!

Beim Abschluss einer Leibrente müssen Sie drei Entscheide treffen. Alle Entscheide haben teils bedeutende Auswirkungen auf die Höhe der ausbezahlten Rente:

1. Soll die Rentenzahlung sofort beginnen oder erst später?
2. Soll die Rente mit oder ohne Rückgewähr abgeschlossen sein?
3. Soll man eine Einzelrente abschliessen oder eine (Ehepaar-)Rente auf zwei Leben?

In den meisten Fällen schliessen die Interessierten eine Leibrente mit sofortigem Beginn ab: Man zahlt beispielsweise mit 65 die ganze Summe ein und erhält ab sofort eine Rente von der Versicherungsgesellschaft. Wie viel das ungefähr sein kann, ersehen Sie aus der Tabelle unten.

Sie können aber eine Leibrenten-Versicherung auch über Jahre mit regelmässigen Beiträgen vorfinanzieren.

Die Lebenserwartung bestimmt die Höhe der Leibrente

Interessenten können auch eine aufgeschobene Rente abschliessen, also beispielsweise mit 60 Jahren einzahlen und abmachen, dass die Rente erst ab 65 fliessen soll.

Das erhöht die ausbezahlte Summe deutlich (siehe die Tabelle unten), ist jedoch dann nachteilig, wenn Sie sich bis zum Beginn der Rentenzahlungen anders entscheiden und die Police vorher wieder auflösen wollen. Denn der Fiskus behandelt eine vorzeitige Auflösung wie den Rückkauf einer sofort beginnenden Leibrente – und das wird steuerlich teuer.

Die monatlichen oder jährlichen Auszahlungen aus laufenden Leibrenten sind zu 40 Prozent als Einkommen zu versteuern.

Wie hoch die Leibrente ausfällt, hängt natürlich in erster Linie von der Summe des einbezahlten Betrages ab – aber auch von der statistischen Lebenserwartung der Schweizerinnen und Schweizer: Die Versicherungsgesellschaft rechnet ungefähr aus, wie lange sie dem Bezüger die Rente noch zahlen muss.

Konkret hat das folgende Konsequenzen:

- Bei der Leibrente kommt ein schlechter Umwandlungssatz zur Anwendung. Dieser Satz bestimmt, wie hoch die Auszahlung aus dem bestehenden Topf ausfällt. Rechnet man die nicht garantierten Überschüsse dazu, gewähren die Gesellschaften bei der Leibrente nur einen Umwandlungssatz von rund 5,3 Prozent. Zum Vergleich: Bei den Pensionskassen beträgt er in der Regel über 6 Prozent, im Pensionskas-

Fortsetzung auf Seite 39

3 Finanzen II: Bei der Pension

So viel Geld bringt die Leibrente im Alter – und zwar lebenslang

Geschlecht	Einzahlung	Summe	Rente ab	Rück-gewähr	Jahresrente in Franken [1]	Rente pro Monat
Mann	Alter 65	300 000	Sofort	Ja	14 700.– bis 16 200.–	1225.– bis 1350.–
Mann	Alter 75	300 000	Sofort	Ja	18 500.– bis 20 800.–	1541.– bis 1733.–
Ehepaar	Alter 65/64	300 000	Sofort	Ja	12 600.– bis 13 800.–[2]	1050.– bis 1150.–
Mann	Alter 65	300 000	Alter 70	Ja	18 100.– bis 19 600.–	1508.– bis 1633.–
Mann	Alter 65	300 000	Sofort	Nein	16 800.– bis 18 600.–	1400.– bis 1550.–

[1] Je nach Gesellschaft. Erwartete Jahresrente inklusive Überschüsse, jährliche Auszahlung
[2] Hundertprozentiger Übergang, siehe Erläuterungen zur Ehepaarrente auf Seite 40
Aktuelle Vergleiche finden Sie im Internet unter www.vzonline.ch.

Quelle: VZ Vermögenszentrum, Stand Mai 2009

CHECKLISTE

Der richtige Abschluss einer privaten Leibrente

- Die Leibrente ist vor allem für Leute geeignet, die Erspartes so einsetzen wollen, dass sie im Alter eine lebenslang garantierte Rente haben – und zwar so, dass sie sich nicht um ihr Geld kümmern müssen.
- Holen Sie mehrere Offerten ein. Aus der Tabelle auf Seite 37 ersehen Sie, dass Sie mit der richtigen Wahl der Gesellschaft lebenslang mehr erhalten als bei einem anderen Anbieter.
- Je später Sie die Rente kaufen und je später Sie den Zeitpunkt für den ersten Rentenbezug ansetzen, desto höher fällt die Leibrente aus. Sie können also nach der Pensionierung Ihr Erspartes selber verwalten (falls Sie sich das zutrauen) und die Leibrente erst dann kaufen, wenn Sie spüren, dass Ihre geistige Fitness nachlässt.
- Offerten für Leibrenten enthalten zwei Zahlen: eine garantierte Jahresrente und eine Jahresrente inklusive Überschuss, der vom Geschäftsgang der Gesellschaft abhängig ist. Die Rente inkl. Überschüsse ist jeweils um rund 25 bis 30 Prozent höher, aber der Überschuss ist nicht garantiert. Lassen Sie sich nicht von hohen Überschüssen blenden. Achten Sie beim Abschluss im Gegenteil vor allem auf die Höhe der garantierten Rente, wenn Sie auf dieses Einkommen unbedingt angewiesen sind und Sie den Gürtel im Falle von Überschusskürzungen erheblich enger schnallen müssten. Kürzungen sind gang und gäbe, einige Gesellschaften haben die Überschüsse sogar bis auf null gekürzt.
- Bei einigen Gesellschaften können Sie die Leibrente mit konstanter, fallender oder steigender Rentenhöhe wählen – je nach Ihrem Bedürfnis.
- Leibrenten-Versicherungen gibt es auch in Fremdwährungen; je nach Zinssituation resultieren daraus bedeutend attraktivere Renten. Die Rente wird aber ebenfalls in der Fremdwährung ausgezahlt – und damit ergibt sich auf lange Sicht ein Fremdwährungsrisiko. Einkommensorientierte Anleger sollten eine Leibrente in derjenigen Währung abschliessen, in der auch ihre Lebenshaltungskosten anfallen.
- Einige Gesellschaften bieten auch eine fondsgebundene Leibrenten-Versicherung an. Das verspricht zwar eine höhere Rendite; sie kann aber auch kleiner als prognostiziert ausfallen, falls die Börsenkurse absacken.
- Die Zeitschrift «K-Geld» hat bereits öfter darauf hingewiesen, dass sich Leibrenten finanziell nicht lohnen. Sie bieten zwar ein lebenslanges, sicheres Einkommen und sind bequem, weil man sich nicht um die Anlage der Ersparnisse kümmern muss. Sie sind aber steuerlich nachteilig, weil 40 Prozent der Rente als Einkommen zu versteuern sind. Wer sein Kapital steueroptimiert anlegt und selber verbraucht, fährt unter dem Strich meist besser als mit einer Leibrente. Leibrenten lohnen sich also nur für Leute, die sehr alt werden.
- Es lohnt sich nicht, Pensionskassenkapital in eine Leibrente zu investieren. Wer das Pensionskassenkapital bar bezieht und mit diesem Geld eine Leibrente kauft, macht einen Fehler: Einerseits zahlt man zweimal Steuern und andrerseits ist die jährliche Leibrente tiefer als die Rente der Pensionskasse (schlechterer Umwandlungssatz).

Policenverkäufer empfehlen immer wieder, sich das Pensionskassenkapital bar auszahlen zu lassen und damit eine Leibrente abzuschliessen. Vorteile bringt diese Variante aber höchstens für die Witwe, denn ihr bleibt mit einer Leibrente mit Rückgewähr mehr Geld, als wenn das Kapital in der Pensionskasse geblieben wäre.

Lassen Sie sich also von den Argumenten der Policenverkäufer nicht blenden – für sie steht eine hohe Abschlussprovision auf dem Spiel. Am besten lassen Sie sich vor dem Bezug des Pensionskassengeldes von einer neutralen Stelle beraten.

Fortsetzung von Seite 37

senobligatorium sogar um rund 7 Prozent (Stand 2009, siehe Seite 21).

- Je später die Rente zur Auszahlung kommt, desto höher fällt sie aus. Wer also erst mit 75 Jahren einzahlt und ab diesem Zeitpunkt sofort eine Rente bezieht, erhält deutlich mehr als eine Person, die das Gleiche mit 65 macht. Der Unterschied macht bei einer einbezahlten Summe von 300 000 Franken rund 4000 Franken pro Jahr aus (siehe Tabelle auf Seite 37).
- Weil Frauen statistisch länger leben – die Gesellschaft die Rentenzahlungen also für mehr Jahre garantieren muss –, erhalten sie bei gleicher Einzahlung eine kleinere Rente als Männer.
- Bei Ehepaarrenten ist die Kombination des Alters von Mann und Frau die Berechnungsgrundlage für die Höhe der Rente.

Leibrente mit oder ohne Rückgewähr

Rückgewähr bedeutet: Stirbt die versicherte Person, so geht das Restkapital – falls es noch nicht gänzlich aufgebraucht ist – an die begünstigten Erben. Das ist der Fall, wenn Sie die Leibrente «mit Rückgewähr» abschliessen.

Als Anhaltspunkt gilt dabei: Schliesst eine 65-jährige Person eine sofort beginnende Leibrente ab, so ist der Topf bei der Versicherung ungefähr dann leer, wenn sie 80 bis 85 Jahre alt ist. Danach gibt es keine Rückgewähr mehr.

Schliessen Sie hingegen «ohne Rückgewähr» ab, so fällt die Rente zwar um rund 15 Prozent höher aus, aber das vollständige Restkapital verfällt bei Ihrem Tod an die Versicherung – selbst wenn Sie schon ein Jahr nach Vertragsabschluss sterben. Dies gilt in der Regel auch dann, wenn Sie eine aufgeschobene Leibrente gekauft haben und noch während der Aufschubszeit sterben.

Eine Leibrente ohne Rückgewähr ist also vor allem für Leute empfehlenswert, die keine Erben berücksichtigen müssen oder wollen – also nur auf den eigenen Vorteil schauen.

Wer an die Erben denkt, verzichtet auf Rendite

Tipp: Beachten Sie die Rückgewährsdauer. Innert dieser Frist erhalten die Erben das Kapital ausbezahlt, das beim Tod des Rentners noch nicht aufgebraucht ist. Die Dauer der Rückgewähr ist bei einigen Gesellschaften frei wählbar. Generell gilt: Je kürzer die Rückgewährsdauer, desto höher die Rente.

Die Versicherungsberater verschweigen oft, dass man Leibrenten auch ohne Rückgewähr kaufen kann; man wolle keinen Ärger mit den Erben, heisst es dazu bei den Versicherungen. Doch das darf Sie nicht irritieren: Die Erben haben dazu gar nichts zu sagen. Zu Lebzeiten darf jeder mit seinem Vermögen machen, was er will.

Mit anderen Worten: Wer eine Leibrente abschliesst, darf sich durchaus fragen, ob er zugunsten

3 Finanzen II: Bei der Pension

der Erben auf einen ansehnlichen Teil der Rente verzichten will.

Allerdings gibt es bereits Gesellschaften, die die Variante ohne Rückgewähr nicht mehr anbieten, sondern – wie etwa die Allianz – eine Mindest-Rückgewährsdauer von fünf Jahren verlangen.

Der Unterschied zwischen Einzelrente und Ehepaarrente

Lebenspartner haben die Möglichkeit, eine Leibrente «auf zwei Leben» abzuschliessen. Das können Ehepaare sein, aber auch unverheiratete Lebenspartner; es gibt in diesem Punkt keine Einschränkung.

In einem solchen Fall zahlt die Versicherung die vereinbarte Rente so lange, bis auch die zweite Person gestorben ist.

Die zwei Versicherten können auch die Vereinbarung treffen, dass die Rente an die hinterbliebene Person kleiner wird; die vorher ausbezahlte gemeinsame Rente wird dadurch höher.

Die Zahlen in der Tabelle auf Seite 37 zur Ehepaarrente gehen von einem 100-prozentigen Übergang aus, das heisst, die Rente bleibt nach dem Tod des einen Partners gleich hoch.

Richten Sie den Blick auf die Ausgabenseite

Was man mit Erspartem machen kann (falls überhaupt vorhanden), ist nur die eine Seite der Medaille. Genauso wichtig ist es, die Ausgabenseite anzuschauen und allenfalls der Realität anzupassen.

Die Pensionierung bringt massive Veränderungen im Alltag mit sich, die sich stark auf die persönlichen Ausgaben auswirken. So fällt der Arbeitsweg weg, dasselbe gilt für die Auslagen fürs auswärtige Essen, bei Selbständigerwerbenden sind es die ganzen Berufsauslagen.

Eventuell können Sie Vermögenswerte veräussern, etwa ein Auto verkaufen, das Sie bisher für den Arbeitsweg benötigt haben, oder Sie können in eine andere Gemeinde umziehen, wo Sie tiefere Wohnkosten haben oder weniger Steuern zahlen, da Sie jetzt nicht mehr auf einen möglichst kurzen Arbeitsweg angewiesen sind.

Allenfalls können Sie auch bestimmte Versicherungen reduzieren oder ganz auflösen (siehe Seite 42).

Auf der anderen Seite haben Sie wahrscheinlich auch höhere Ausgaben etwa für Hobbys oder für Freizeitausgaben und Reisen.

Erstellen Sie sich also ein neues Budget, in welchem Sie die Einnahmenseite so realistisch wie möglich zeichnen.

Wer bereits früher mit einem persönlichen Budget gerechnet hat, kann dieses nun anpassen. Wer dies zum ersten Mal tut, kann über eine gewisse Zeit – mindestens ein paar Monate lang – die eigenen Ausgaben möglichst genau erfassen und dann zu sinnvollen Positionen und Ausgabengruppen zusammenfassen.

Musterbudgetblätter zum Ausfüllen stehen zum Beispiel auf www.ktipp.ch oder auch auf www.budgetberatung.ch zum Herunterladen zur Verfügung.

Budgetberatung.ch stellt auch ein Onlineformular zur Verfügung, das man direkt am Bildschirm ausfüllen und sich so ein Budget berechnen lassen kann.

Aber denken Sie daran, dass Sie auch für das Ausfüllen von vorgedruckten Budgetblättern die eigenen Ausgaben so detailliert wie möglich kennen müssen (siehe Kasten unten).

Dann kommt der spannende Moment, wo Sie Einnahmen und Ausgaben einander gegenüberstellen. Falls hier ein Plus resultiert: Glückwunsch! Steht da ein Minus, bleiben Ihnen ein paar wenige, eher schmerzhafte Möglichkeiten: Ausgaben einschränken, Zusatzverdienst – oder Ergänzungsleistungen beantragen.

Wenns nicht aufgeht: Wo man sparen kann

Einschränkungen tun weh, aber wenn einem nichts anderes übrigbleibt, muss man in den sauren Apfel beissen. Möglichkeiten dafür können sein:

- **Wohnsituation:** Dass man auch im Alter im geliebten Eigenheim bleiben möchte, ist verständlich: doch anderseits kann eine kleinere, pflegeleichte Wohnung sogar bequemer sein. Zudem sollte man nicht vergessen, dass gerade ein älteres Haus für Personen fortgeschrittenen Alters nicht ideal ist.

3 Finanzen II: Bei der Pension

TIPP

So erstellen Sie ein Budget

Für die Aufstellung der Ausgaben gehen Sie so vor:
- Sammeln Sie während einiger Monate die Belege von sämtlichen Ausgaben.
- Halten Sie danach alle Ausgaben fest, die fix anfallen, wie Wohnungsmiete, Krankenkasse, Telefon, Kleider, Hobbys, Benzin, Kosten für öffentliche Verkehrsmittel.
- Erfassen Sie danach die quartalsweise, halbjährlich oder jährlich anfallenden Kosten wie Hypothekarzinsen, Versicherungsprämien, Steuern, Ferienkosten.
- Rechnen Sie die diversen unregelmässigen Ausgaben zusammen und kalkulieren Sie dafür einen angemessenen Betrag ein.
- Rechnen Sie eine Reserve für Unvorhergesehenes mit ein. Bedenken Sie, dass im Alter die Kosten für die Gesundheit in der Regel steigen. Der grosse Teil davon ist zwar über die Krankenkasse gedeckt, andere wie Brillen oder Zahnbehandlungen aber nicht. Zudem können auch Selbstbehalte und Franchisen ins Geld gehen. Denken Sie auch daran, dass Sie mit einem tieferen Renteneinkommen als weniger kreditwürdig gelten als während der Berufszeit mit dem höheren monatlichen Lohn.
- Sinnvoll ist es, parallel zwei verschiedene Budgets zu erstellen – und regelmässig zu überprüfen: Ein Monats- und ein Jahresbudget.
- Überlegen Sie sich, wo Sie sich allenfalls einschränken wollen und können.
- Berücksichtigen Sie, wie sich die Ausgaben über die Jahre hinweg verändern. Rechnen Sie mit mindestens 2 Prozent Teuerung pro Jahr – angesichts der aktuellen Wirtschaftslage lieber mit mehr.

Enge Treppen, dunkle Nischen, schmale Türen sind Hindernisse – und wenn jemand gar im Rollstuhl sitzt, wird damit ein Haus faktisch unbewohnbar (mehr zum Thema Wohnen im Alter im Kapitel 9).

■ **Versicherungen:** Lösen Sie die auf, die Sie nicht unbedingt brauchen, vor allem solche, die mit Ihrer Berufstätigkeit zusammenhängen wie Erwerbsunfähigkeitsversicherungen. Anderseits sind Sie als Angestellter meist automatisch gegen Nichtbetriebsunfall versichert, nach der Pensionierung müssen Sie dieses Risiko wieder über die Krankenkasse abdecken (siehe Seite 91).

Falls Sie während des Berufslebens über Ihre Firma einer günstigen Kollektivversicherung angeschlossen sind, erkundigen Sie sich frühzeitig, ob Sie diesen Schutz auch nach der Pensionierung behalten können.

Eine Reduktion der Krankenkassenleistungen wie Veränderung der Franchise oder die Auflösung einer Zusatzversicherung sollten Sie sich aber im Hinblick aufs Alter genau überlegen, denn die Aussicht, dass Sie solche Leistungen beanspruchen, steigt im Alter. Und wieder in eine Zusatzversicherung aufgenommen zu werden, wird immer schwieriger.

Hingegen kann man durch den Wechsel der Grundversicherung oder zu einem Hausarztmodell unter Umständen recht viel Geld einsparen. Ausführliche Informationen zu den Krankenversicherungen lesen Sie im Kapitel 6.

■ **Steuern:** Versuchen Sie, Ihre Steuern so weit wie möglich zu optimieren, ein wichtiger Tipp hierfür ist, Kapital aus der 3. Säule oder aus Freizügigkeitskonten und -policen gestaffelt zu beziehen, um die Progression zu brechen. Holen Sie sich dazu fachkundigen Rat ein.

■ **Verkaufen:** Stossen Sie ab, was Sie nicht mehr wirklich benötigen. Das Auto, das Sie nicht mehr für die Fahrt zur Arbeit brauchen, wurde bereits erwähnt. Aber auch die Garage für Ihren älteren Wagen können Sie möglicherweise durch einen billigeren Parkplatz ersetzen.

■ **Vergleichen:** Vergleichen Sie allgemein die Preise, achten Sie auf günstige Angebote, sei es beim täglichen Einkauf mit Aktionen, bei grösseren Anschaffungen oder regelmässigen Ausgaben wie Telefongebühren. Vergleichen Sie jeweils verschiedene Anbieter und Produktvarianten.

■ **Prioritäten richtig setzen:** Ein ganz wichtiger Punkt, der oft vergessen geht: Sparen Sie nicht wild drauflos, sondern überlegen Sie sich, wo Sparen am meisten bringt:

Die grossen Ausgabenposten der Schweizerinnen und Schweizer sind in dieser Reihenfolge: Wohnen/Energie, Steuern/Gebühren, Gesundheit/Krankenkasse, Nahrung und Getränke, Verkehr.

Nicht alle dieser Bereiche können Sie ohne Weiteres beeinflussen: Wohnkosten reduzieren Sie mit einer kleineren Wohnung oder dem Umzug in eine Gemeinde mit tieferen Mieten. Mit dem Umzug an einen anderen Ort kann man auch die Steuern beeinflussen, dafür steigen vielleicht die Kosten für Verkehr, also Auto- oder Bahnkosten.

Gesundheitskosten lassen sich senken, indem man die Krankenkasse wechselt. Wer bereits bei einer günstigen versichert ist, hat hier keinen Spielraum mehr. Nahrung und Getränke sind ein wichtiger Posten, aber hier muss man jeden einzelnen Kaufentscheid überlegt treffen, damit am Ende des Monats eine echte Einsparung herausschaut.

Und weil der Mensch grundsätzlich ein irrationales Wesen ist, sind die entsprechenden Entscheide gelegentlich sogar kontraproduktiv: Wer mit dem Auto 50 Kilometer weit nach Deutschland fährt, um bei einem Wocheneinkauf 20 oder 30 Franken zu sparen, zahlt unter dem Strich sicher mehr, als wenn er in den Quartierläden einkaufen würde.

Und wenn dann noch eine Park- oder Geschwindigkeitsbusse hinzukommt, ist die Rechnung definitiv tiefrot.

Zusatzverdienst: Es geht nicht um einen Superlohn

Ob und womit man im Pensionierungsalter einen Zusatzverdienst erzielen kann, hängt stark von der aktuellen Wirtschaftslage und den eigenen Qualifikationen ab. Zurzeit spricht die Wirtschaftslage eher dagegen, dass man leicht zu einer bezahlten Beschäftigung kommt; wie es in 10 oder 15 Jahren aussieht, ist völlig ungewiss.

Allerdings gibt es auch eine gute Nachricht: Ein solcher Zusatzverdienst darf wohl in den allermeisten Fällen wesentlich tiefer sein als das frühere Erwerbseinkommen. Und ein Monatsverdienst von vielleicht 2000 Franken lässt sich auch mit Gelegenheitsarbeiten erzielen.

Vielleicht können Sie sogar ein Hobby zu Geld machen, dann ist es viel weniger wichtig, dass Sie dafür eine möglichst hohe Bezahlung bekommen – in diesem Fall kann man die entsprechende Tätigkeit in erster Linie geniessen, und in zweiter Linie erhält man sogar noch Geld dafür, mit dem man sich das Leben verschönern kann.

Wenn es gar nicht reicht: Die Ergänzungsleistungen

Für zahlreiche AHV- und IV-Versicherte reichen die Renten der AHV und der Invalidenversicherung für den Lebensunterhalt nicht aus. Betroffen sind auch Personen, die keine Zahlungen einer Pensionskasse erhalten.

In den Sechzigerjahren wurden deshalb in einem Bundesgesetz Ergänzungsleistungen zur Alters-, Hinterlassenen- und Invalidenversicherung beschlossen. Auf Ergänzungsleistungen besteht ein Rechtsanspruch. Es handelt sich weder um Fürsorgeleistungen noch um Almosen. Der Grundsatz lautet: Wer einen Anspruch auf

**3
Finanzen II:
Bei der
Pension**

AHV- oder IV-Leistungen hat, kann Ergänzungsleistungen beantragen.

Die Abwicklung der Ergänzungsleistungen ist an die Kantone delegiert. In den meisten Kantonen sind die kantonalen Ausgleichskassen beziehungsweise die AHV-Gemeindezweigstellen für die Entgegennahme der Gesuche zuständig. Die Kantone Zürich, Basel-Stadt und Genf haben hierfür spezielle Stellen bezeichnet.

So werden die Ergänzungsleistungen berechnet

Bei den Ergänzungsleistungen ist zu unterscheiden zwischen den Geldern, die monatlich ausbezahlt werden, und der Vergütung für Krankheits- und Behinderungskosten.

Ergänzungsleistungen sollen im Grundsatz die Lücke zwischen den Einnahmen und den Ausgaben schliessen und eine angemessene Existenz sichern. Das Gesetz schreibt vor, was als Einnahmen und als Ausgaben anerkannt wird. Zu den Einnahmen zählen beispielsweise das Erwerbseinkommen, der Vermögensertrag, die AHV/IV-Renten und die Zahlungen der Pensionskasse.

Gelder, die eine Person aus der Verwandtenunterstützung erhält, werden nicht als Einkommen angerechnet, wohl aber Unterhaltsleistungen, also beispielsweise Alimente vom Ex-Ehegatten.

Berechnung: Diese Ausgaben werden angerechnet

Als Ausgaben werden im Wesentlichen ein Grundbetrag für den Lebensbedarf sowie ein Pauschalbetrag für die Krankenkassenprämien anerkannt:

- Der Pauschal-Grundbetrag für den Lebensbedarf beträgt für Alleinstehende 18 720 Franken und für Ehepaare 28 080 Franken (Stand 2009).
- Die Pauschale für die Krankenkassenprämie ist von Kanton zu Kanton unterschiedlich und liegt im Bereich zwischen 2772 Franken (Nidwalden) und 5028 Franken (Genf).

Wichtig ist, dass bei der Berechnung der Ausgaben auch die Mietkosten berücksichtigt werden. Gerade hier drückt der Schuh ja oft am meisten. Für Alleinstehende wird ein Mietzins von maximal 13 200 Franken und für Verheiratete von maximal 15 000 Franken pro Jahr angerechnet (Stand 2009).

Wer noch Vermögen hat, muss davon zehren

Eine Faustregel besagt: Anspruch auf Ergänzungsleistungen besteht dann, wenn von den Einnahmen nach Abzug von Miete und Krankenkassenprämien weniger als 1500 Franken im Monat zur Verfügung stehen.

Wer jedoch noch ein beträchtliches Vermögen hat, muss sich nicht nur den Vermögensertrag anrechnen lassen (beispielsweise Zinsen oder Aktiendividenden), sondern auch den sogenannten Vermögensverzehr.

Bei AHV-Rentenberechtigten, die in einer Wohnung leben (also nicht im Heim), wird $1/10$ und bei

IV-Rentenbezügern ¹⁄₁₅ des Reinvermögens zu den jährlichen Einnahmen hinzugerechnet. Allerdings kommt ein Freibetrag zur Anwendung: 25 000 Franken für Alleinstehende und 40 000 Franken für Ehepaare.

Beispiel: Bei einer alleinstehenden AHV-Rentnerin mit einem Vermögen von 125 000 Franken werden 10 000 Franken als Einkommen angerechnet.

Bei selbst bewohnten eigenen Liegenschaften wird ein zusätzlicher Freibetrag von 112 500 Franken abgezogen (alle Zahlen Stand 2009).

Dennoch kann es passieren, dass Hausbesitzer ihre Immobilie verkaufen müssen, um den täglichen Lebensbedarf zu decken.

Verluste bei der Spekulation gelten als «Vermögensverzicht»

Wer bei hochriskanten Investitionen sein Vermögen verspekuliert, erhält von der AHV keine Ergänzungsleistungen. Das hat das Bundesgericht entschieden. Denn für die Berechnung von Ergänzungsleistungen zur AVH/IV zählen nebst dem noch vorhandenen Vermögen auch Vermögenswerte, auf die «verzichtet worden ist», wie es im Gesetz heisst.

Als «Vermögensverzicht» gilt auch, wenn AHV- oder IV-Bezüger Geld verschenken, um so ihr Vermögen zu verringern, um Ergänzungsleistungen zu erhalten. Denn auch verschenktes Vermögen wird angerechnet.

Allerdings: Für jedes Jahr ab dem Folgejahr der Schenkung werden 10 000 Franken weniger angerechnet.

Beispiel: Eine Person machte 2004 eine Schenkung von 100 000 Franken. Im Folgejahr 2005 werden ihr immer noch die vollen 100 000 Franken als Vermögen angerechnet, anschliessend aber jedes Jahr 10 000 Franken weniger. 2009 sind es also noch 60 000 Franken.

Die Zuschüsse für ungedeckte Krankheitskosten

Zusätzlich zu den erwähnten monatlichen Ergänzungsleistungen gibt es auch Geld für bestimmte ungedeckte Krankheitskosten – etwa Franchise und Selbstbehalt der Krankenkassen sowie einfache Zahnbehandlungen, insbesondere aber für Transporte und Spitex-Leistungen.

Auch hier gibt es maximale Beträge für die Vergütung: Bei Personen, die zu Hause wohnen, sind es 25 000 Franken für Alleinstehende und 50 000 Franken für Ehepaare bzw. eingetragene Partner.

Eine immer wichtigere Rolle spielen Ergänzungsleistungen, um bei Bezügern die Kosten im Alters- oder Pflegeheim zu decken. Auch hier werden die Einnahmen den Ausgaben (insbesondere Heimkosten) gegenübergestellt; die Differenz entspricht den Ergänzungsleistungen. Wer in einem Heim wohnt, sollte sich an die Heimleitung wenden, falls Ergänzungsleistungen nötig werden.

Bei den AHV-Ausgleichskassen und IV-Stellen gibt es Merkblätter, die alles genau erklären und mit

3
Finanzen II: Bei der Pension

deren Hilfe Sie selber provisorisch ausrechnen können, ob Sie einen Anspruch auf Ergänzungsleistungen haben. Diese und weitere Infos findet man auch im Internet unter www.ahv-iv.info.

Auf www.pro-senectute.ch unter dem Link Berechnung Ergänzungsleistungen finden Sie zudem ein Online-Formular, mit dessen Hilfe Sie selber rasch herausfinden, ob Sie zum Bezug solcher Leistungen berechtigt sind.

Hypothek amortisieren oder nicht?

Die Frage, wie weit man eine Hypothek abzahlen soll oder nicht, ist nicht nur im Hinblick auf die Pensionierung wichtig. Aber es gibt einige Gründe, warum man sich zu diesem Zeitpunkt vertieft Gedanken darüber machen sollte: Zum einen verlangen die Banken in der Regel, dass die zweite Hypothek bis zu diesem Zeitpunkt zurückgezahlt ist, weiter haben viele Leute bei der Pensionierung auf einen Schlag viel Kapital zur Verfügung, und schliesslich haben ältere Leute oft den Wunsch, ihre Schulden abzubauen.

Wenn man nur die finanzielle Seite betrachtet, ist der Entscheid einfach: Eine tiefere Hypothek bedeutet tiefere Hypozinsen, also tiefere Kosten.

Auf der anderen Seite steigen die Steuern, da man weniger Hypozinsen abziehen kann.

Als Faustregel gilt, dass man die Hypothek nur um so viel reduzieren sollte, dass die Zinsen plus die Unterhaltskosten nicht tiefer sind als der Eigenmietwert. Schliesslich gilt es auch zu überlegen, was man mit dem Kapital, das nicht im Haus gebunden ist, für eine Rendite erzielt.

Daraus lässt sich dann berechnen, welche Amortisation der Hypothek sinnvoll ist (siehe Kasten links).

Dieses vereinfachte Beispiel zeigt auch sofort: Erwartet – oder erzielt – man eine höhere Rendite auf dem angelegten Kapital, wird es attraktiver, die Hypothek stehenzulassen. Steigen die Hypozinsen, ist es sinnvoll, sie zu reduzieren. Und in beiden Fällen umgekehrt. Auch der Grenzsteuersatz beeinflusst die Rechnung.

RECHNUNG

Hypothek amortisieren

Eine Modellrechnung kann so aussehen:

Hypothek	500 000	200 000
Hypozins 3 %	15 000	6000
Steuerabzug	– 4500	1800
Kapitalertrag	– 9000	
Kosten total	**1500**	**4200**

Annahme: Eine Hypothek von 500 000 Franken kann entweder dank einer Auszahlung von Pensionskassenkapital um 300 000 Franken reduziert werden oder dann wird dieser Kapitalbetrag stattdessen zu 3 Prozent angelegt.

Der hier angenommene Grenzsteuersatz beträgt 30 Prozent. In diesem Fall und mit diesen Annahmen lohnt sich die Amortisation der Hypothek nicht.

Apropos Steuern: Bei der Kalkulation des Ertrags auf dem Kapital, das man nicht für die Abzahlung der Hypothek verwendet hat, sollte man auch diese noch berücksichtigen.

Ein anderes Rechenbeispiel: Auf der Eigentumswohnung eines Ehepaars lastet noch eine Hypothek von 300 000 Franken zu 4 Prozent. Mit der Pensionierung kommt eine Lebensversicherung über 200 000 Franken zur Auszahlung.

Reduziert das Ehepaar mit diesem Geld die Hypothek, würde die jährliche Hypothekarzinsbelastung zwar von 12 000 Franken auf 4000 Franken sinken. Aufgrund der geringeren Hypothekarzinsen müsste das Ehepaar allerdings 2000 Franken mehr Einkommenssteuern zahlen.

Lassen die Eheleute die Hypothek stehen und investieren die 200 000 Franken in Obligationen und Aktien, brächte ihnen das langfristig etwa 4 Prozent bzw. 8000 Franken Nettoertrag pro Jahr. Zudem könnten sie weiterhin 12 000 Franken Hypothekarzinsen vom steuerbaren Einkommen abziehen. Unter dem Strich wäre es also besser, das Geld aus der Lebensversicherung anzulegen. So würde die Wohnung jedes Jahr 2000 Franken weniger kosten als bei einer Amortisation der Hypothek.

Allerdings sollte man sich bei der Entscheidung nicht nur auf die nackten Zahlen abstützen. So ist man mit dem Geld auf einem Konto oder einer anderen Anlageform flexibler, als wenn das Geld im Haus steckt.

Denn die Neuaufnahme oder Erhöhung einer Hypothek – wenn man in einer Notsituation Geld braucht oder einen Angehörigen unterstützen möchte, eine längere Reise finanzieren oder den Kindern einen Erbvorbezug gewähren will – ist nicht immer einfach, vor allem nicht für ältere Personen mit tieferem Einkommen.

Eine Faustregel, an die sich die Banken oft halten, lautet: Die Kosten für eine Hypothek, also Zinsen, Amortisation und auch die Nebenkosten sollen nicht mehr als ein Drittel des Einkommens betragen – und wenn man im Pensionsalter ein tieferes Einkommen hat als früher, kann dies entscheidend sein.

4 Finanzielle Absicherung des Partners
Vorkehrungen für Ehe oder Partnerschaft

Mit dem Ende der Erwerbstätigkeit verändert sich die finanzielle Situation wesentlich – und davon sind in einer Ehe oder Partnerschaft beide Partner betroffen. Deshalb braucht es besondere Vorkehrungen für den Fall, dass einem der beiden Partner etwas Ernsthaftes passiert.

Der Tod eines Partners, einer Ehefrau ist immer ein schmerzhaftes Ereignis. Um zumindest die finanziellen Folgen zu mildern, ist es wichtig, sich rechtzeitig um die gegenseitige Absicherung zu kümmern.

Verheiratete haben es hier einfach: AHV und Pensionskasse richten unter gewissen Voraussetzungen Witwen- und Witwerrenten aus.

Bei der **AHV** haben Witwen Anspruch auf eine Witwenrente, falls sie zum Zeitpunkt des Todes ihres Gatten mindestens 5 Jahre verheiratet waren und 45 Jahre oder älter sind oder wenn sie Kinder haben – egal wie alt diese sind.

Witwer haben nur Anspruch auf diese AHV-Rente, wenn sie Kinder unter 18 Jahren haben.

Bei der **Pensionskasse** beträgt die Witwen- oder Witwerrente in der Regel 60 Prozent der bereits laufenden oder der voraussichtlichen Altersrente der verstorbenen Person (falls diese zum Zeitpunkt des Todes noch nicht pensioniert war).

Witwen- und Witwerrenten werden nur ausbezahlt,
- falls die verstorbene Person zum Zeitpunkt des Todes in einer Pensionskasse versichert war. Dies ist während des Arbeitsverhältnisses der Fall. Kraft Gesetz besteht nach der Auflösung des Arbeitsverhältnisses ein Versicherungsschutz noch während eines weiteren Monats,
- falls die Person bei Eintritt der Arbeitsunfähigkeit, deren Ursache später zum Tod geführt hat, einer Pensionskasse angehörte
- oder falls die Person zum Zeitpunkt des Todes bereits eine Alters- oder Invalidenrente der Vorsorgeeinrichtung bezog.

Noch eine Einschränkung: Die Ehepartnerrente wird nur dann ausbezahlt, wenn die Witwe oder der Witwer für den Unterhalt von einem oder mehreren Kindern aufkommen muss oder wenn sie/er das 45. Altersjahr bereits zurückgelegt hat und die Ehe mindestens fünf Jahre gedauert hat.

Konkubinatspaare:
Kein Geld von der AHV ...

Anders sieht die Situation bei Konkubinatspaaren aus: Die AHV zahlt an hinterbliebene Konkubinatspartner überhaupt keine Renten oder sonstige Leistungen aus.

... dafür aber von der Pensionskasse

Im Pensionskassengesetz ist seit Anfang 2005 vorgesehen, dass die Vorsorgeeinrichtungen auch Zahlungen an nicht verheiratete Lebenspartner ausrichten können (aber nicht müssen).

Allerdings nur unter der Voraussetzung, dass die zwei Partner die letzten fünf Jahre bis zum Tod ohne Unterbruch im Konkubinat gelebt haben oder dass ein Partner den anderen massgeblich unterstützt hat, das heisst deutlich mehr als die Hälfte zum gemeinsamen Haushalt beigetragen, oder dass das Paar gemeinsame Kinder hat.

Konkubinatspaare, die sich gegenseitig für den Todesfall des einen Partners zusätzlich absichern wollen, können dies auch mit je einer Todesfall-Risikoversicherung tun. Alle Details dazu stehen im K-Tipp-Ratgeber «So sind Sie richtig versichert». Sie können das 304-seitige Buch über Telefon 044 253 90 70 bestellen oder im Internet auf www.ktipp.ch.

Die Begünstigung für Konkubinatspaare in der 2. und 3. Säule

Wie gesagt: Die gesetzliche Regelung über die berufliche Vorsorge und die 3. Säule begünstigt Ehepaare beziehungsweise Familien im klassischen Sinn.

Aber: Die einschlägigen Gesetze erlauben es den Pensionskassen immerhin seit einigen Jahren, auch nicht verheirateten Partnern Leistungen auszurichten. Ob sie das tun, liegt im Ermessen der Kasse; Informationen darüber finden sich im Reglement.

Bei den Leistungen an Konkubinatspartner ist zu unterscheiden zwischen:
- Hinterlassenenrenten,
- Barauszahlung des Todesfallkapitals,

IN DIESEM KAPITEL

- 49 Die Begünstigung für Konkubinatspaare in der 2. und 3. Säule
- 51 Das Wichtigste zum Erbrecht
- 52 Scheidung im Pensionsalter
- 54 Grafik: Gesetzliche Erbteile und Pflichtteile
- 55 Wichtig ist der Güterstand
- 55 Der Erbvertrag: Alternative zum Testament
- 56 Welche Form muss ein Testament haben?
- 56 Erbschaftssteuern, Vorbezug, Schenkung
- 57 Optimale Begünstigung unter Ehepartnern: So wird es gemacht
- 58 Registrierte Partnerschaften
- 59 Gütertrennung und Zahlungspflicht
- 62 Hausübergabe an Kinder
- 63 Die Verwandtenunterstützung

- Barauszahlung von Freizügigkeitsgeldern,
- Barauszahlung von Geldern der Säule 3a.

Hinterlassenenrenten an Konkubinatspartner. Stirbt ein Partner im Konkubinat, kann die Pensionskasse vorsehen, dass der überlebende Partner eine Hinterlassenenrente erhält (analog zur klassischen Witwen-/Witwerrente).

Die Reihenfolge ist vorgegeben. Das Gesetz lässt Renten zu:
- **1.** an diejenigen Personen, die vom Versicherten massgeblich unterstützt worden sind,
- oder **2.** an die Person, die mit dem Versicherten die letzten fünf Jahre unmittelbar vor dem Tod ununterbrochen «eine Lebensgemeinschaft geführt hat».
- Oder **3.** an die Person, die für den Unterhalt eines oder mehrerer gemeinsamer Kinder aufkommen muss.

4 Absicherung des Partners

Fehlen solche Personen, ist eine Begünstigung zulässig:
- **4.** von Kindern, die nicht als Waisen einen Anspruch haben (also z. B. des 40-jährigen Sohnes),
- **5.** von Eltern oder Geschwistern
- oder **6.** bei deren Fehlen die übrigen gesetzlichen Erben unter Ausschluss des Gemeinwesens.

Tipp: Lesen Sie die Bestimmungen der Kasse ganz genau. Es kann zum Beispiel sein, dass die Pensionskasse beim Konkubinat einen schriftlichen Unterstützungsvertrag verlangt.

■ **Auszahlung des Todesfallkapitals an Konkubinatspartner.** Früher war es so, dass das gesamte Alterskapital eines Verstorbenen bei der Pensionskasse verblieb, falls diese Person ledig und kinderlos starb. Doch auch hier dürfen nun die Pensionskassen im Reglement eine Begünstigung von Drittpersonen zulassen. Die Reihenfolge ist gleich wie bei der Hinterlassenenrente (Seite 49 f.).

■ **Barauszahlung von Freizügigkeitsgeldern an Konkubinatspartner.** Geld, das in einer Freizügigkeitspolice oder auf einem Freizügigkeitskonto liegt, kann in dieser Reihenfolge ausgezahlt werden an:
1. Die Hinterlassenen (überlebender Ehepartner und Kinder bis 18 beziehungsweise 25 Jahre).
2. Personen, die vom Versicherten in erheblichem Masse unterstützt worden sind, oder die Person, die mit dem Versicherten in den letzten fünf Jahren unmittelbar vor dem Tod ununterbrochen «eine Lebensgemeinschaft geführt hat» (gemeint ist nicht nur das Konkubinat, sondern auch gleichgeschlechtliche Partnerschaften) oder die für den Unterhalt eines oder mehrerer gemeinsamer Kinder aufkommen muss.
3. Die Kinder des Verstorbenen, die nicht als Waisen einen Anspruch haben (z. B. die 40-jährige Tochter), die Eltern oder die Geschwister.
4. Die übrigen gesetzlichen Erben, unter Ausschluss des Gemeinwesens.

Dazu heisst es im Gesetz, dass die Versicherten den Kreis der Hinterlassenen (Punkt 1) mit Personen nach Punkt 2 «erweitern» können.

Es können somit nebst den Hinterlassenen, also Ehepartner und Kinder, die Anspruch auf Rentenleistungen gemäss Pensionskassengesetzgebung hätten, auch Personen begünstigt werden, für die die verstorbene Person massgeblich aufgekommen ist, oder auch Konkubinatspartner. Denn die Rangordnung der Zuteilung muss hier bei der Begünstigung nicht eingehalten werden. Dies im Unterschied zur gesetzlichen Begünstigungsordnung für Renten und Todesfallkapital (siehe S. 49 f.).

■ **Barauszahlung von Geldern der Säule 3a.** Gemäss Gesetz fällt das Kapital beim Tod des 3a-Sparers an die folgenden Personen in der nachstehenden Reihenfolge:

1. den überlebenden Ehegatten,
2. die direkten Nachkommen sowie die natürlichen Personen, die vom Versicherten in erheblichem Mass unterstützt worden sind, oder die Person, die mit diesem in den letzten fünf Jahren bis zum Tod «ununterbrochen eine Lebensgemeinschaft geführt hat» (Konkubinat) oder die für den Unterhalt eines oder mehrerer gemeinsamer Kinder aufkommen muss,
3. die Eltern,
4. die Geschwister,
5. die übrigen Erben (das können auch testamentarisch eingesetzte Erben wie beispielsweise ein Tierheim sein).

Aber: Im Unterschied zur Begünstigungsregelung im Pensionskassenbereich (siehe Seite 49 f.) können 3a-Sparer die Reihenfolge der Begünstigten in den Punkten 3 bis 5 abändern, also beispielsweise einen Neffen vor die Eltern setzen.

Die Begünstigungserklärung nicht vergessen!

Für Konkubinatspaare bedeutet diese Regelung: Eine Begünstigung für 3a-Gelder stellt nach einem fünfjährigen Zusammenleben kein Problem dar.

Um aber klare Verhältnisse zu schaffen, sollten Konkubinatspaare trotzdem gegenüber der Bank oder Versicherung eine Begünstigungserklärung abgeben (falls eine solche nicht ohnehin verlangt wird).

Eine Begünstigungserklärung braucht es zwingend, wenn jemand die Reihenfolge in den Punkten 3 bis 5 abändern möchte. In diesen Punkten der Reihenfolge ist auch eine beliebige Zuteilung des vorhandenen Kapitals möglich.

Alle Details dazu – insbesondere zur Begünstigung – stehen im Saldo-Ratgeber «Gut vorsorgen: Pensionskasse, AHV und 3. Säule». Sie können das 218-seitige Buch über Telefon 044 253 90 70 bestellen oder im Internet auf www.saldo.ch.

Das Wichtigste zum Erbrecht

Es ist sinnvoll, für den Todesfall mit einem Testament oder Erbvertrag zu regeln, was danach mit dem Vermögen geschehen soll.

Zwar gibt es mit dem Erbrecht einen Rahmen für den Fall, dass beim Tod einer Person kein Testament vorhanden ist, aber diese Regelungen sind nicht für alle denkbaren Situationen geeignet, und zudem erlaubt es das Gesetz, den Nachlass individuell zu regeln.

Der normale Erbgang: Das Geld geht an die Familie

Grundsätzlich sieht das Erbrecht Folgendes vor: Der Nachlass einer verstorbenen Person geht an Ehepartner und Nachkommen, und zwar je zur Hälfte. Sind zwei Kinder da, erhalten diese je ein Viertel. Ist eines der Kinder bereits verstorben, hat aber seinerseits Kinder, so geht das Geld an dieses oder diese, und zwar so viel, wie das Kind der verstorbenen Person geerbt hätte.

Ein Beispiel: Ein Mann stirbt, dessen Frau und Tochter noch leben. Der Sohn ist bereits früher verstorben, hat aber seinerseits zwei Kinder, die beide noch leben. Dann erbt die Frau die Hälfte, die Tochter ein Viertel und die beiden Enkel zusammen ebenfalls ein Viertel des Nachlasses.

Ist der Ehepartner ebenfalls bereits verstorben, geht der gesamte Nachlass an die Kinder, falls diese auch nicht mehr leben, an die Enkel. Sind keine Kinder da, erbt der überlebende Ehepartner alles.

Ist die Ehe kinderlos, erbt der überlebende Gatte drei Viertel, ein

---

INFO

Scheidung im Pensionsalter: Ist das möglich und sinnvoll?

Die Zahl der Scheidungen unter älteren Menschen ist in der jüngsten Vergangenheit stark angestiegen. Ein Grund dafür ist sicher, dass es der heutigen Rentnergeneration materiell relativ gut geht, sodass viele sich auch im Alter zwei Haushalte leisten können.

Allerdings sind Scheidungen – nicht nur im fortgeschrittenen Alter – wesentliche Faktoren für das Abrutschen in die Armut; unter anderem sind sie auch eine der häufigsten Ursachen für den Zwangsverkauf von Häusern und Wohnungen.

Für die Berechnung der finanziellen Folgen gilt: Ein Ehepaar erhält zusammen maximal 150 Prozent der einfachen AHV-Rente. Maximal sind dies 3420 Franken pro Monat; zwei Einzelrenten addiert belaufen sich auf maximal 4560 Franken (Stand 2009/2010). Bei einer Scheidung werden denn auch wieder die beiden Einzelrenten ausgezahlt.

Für die Kalkulation der Leistungen der 2. Säule nach einer Scheidung werden die während der Ehe einbezahlten Beiträge der beiden Partner genommen.

Betrachtet werden müssen aber auch die steuerlichen Veränderungen und der Aufwand für zwei Wohnungen; das sind die wichtigsten finanziellen Faktoren.

Ob eine Scheidung sinnvoll ist, ist immer abhängig von der konkreten Situation. Wissenschaftlich ist erwiesen, dass Verheiratete tendenziell glücklicher sind, weniger krank werden und länger leben als Alleinstehende. Und nach Scheidung oder Trennung steigt das Risiko für Depressionen, psychosomatische Krankheiten, Schlaganfall und Herzinfarkt statistisch signifikant.

Allerdings ist – dem bekannten Sprichwort folgend – ein Ende mit Schrecken oft besser als ein Schrecken ohne Ende. Die steigenden Scheidungszahlen belegen ja, dass sich heute auch Seniorinnen und Senioren in der Schweiz durchaus allein durchs Leben schlagen können. Und in einer komplizierten Situation mit Nachkommen aus verschiedenen Ehen und stark unterschiedlicher finanzieller Lage kann die Scheidung eine wichtige Klärung bringen, die erbrechtliche Probleme löst und emotional eine Erleichterung bedeuten kann.

Das beste Mittel, um die Scheidung zu vermeiden, ist, sich rechtzeitig vor der Pensionierung miteinander auf die neue Situation vorzubereiten. Während der langen Ehe hat ein Paar bereits viele Höhen und Tiefen erlebt. Tritt einer der beiden aus dem Berufsleben und -alltag aus und ist immer zu Hause, wird die gegenseitige emotionale Bindung auf eine harte Probe gestellt.

Die Entwicklung von Toleranz und die Gewährung von Autonomie für den Partner gehören deshalb in diesem Fall zum Wichtigsten für die Fortführung der Beziehung (siehe auch Kapitel 7).

Viertel geht an die Eltern, wenn diese nicht mehr leben, an die Geschwister.

Gesetzliche Erbteile und Pflichtteile

Dies ist der normale Erbgang, wenn kein Testament vorliegt. Geschiedene Ehepartner, Konkubinatspartner, Stiefkinder und -eltern und Verschwägerte sind von diesem Erbgang ausgeschlossen.

Neben den hier beschriebenen gesetzlichen Erbteilen gibt es auch die Pflichtteile: Dies sind Anteile, die in einem Testament gewissen Personen mindestens zugesprochen werden müssen. Anspruch auf einen Pflichtteil haben Ehegatten und eingetragene gleichgeschlechtliche Partner, Kinder und Eltern. Geschwister hingegen nicht.

Der Pflichtteil für Ehepartner und Eltern entspricht der Hälfte des gesetzlichen Erbteils, bei den Kindern sind es drei Viertel. Das heisst, in einem Testament darf man seinem Ehepartner statt der Hälfte nur ein Viertel des Vermögens vermachen, den Kindern nur drei Achtel statt die Hälfte.

Die Differenz wird als freie Quote bezeichnet, und diese darf nach Belieben verwendet werden. Hat jemand weder Ehepartner noch Kinder, so darf er oder sie im Testament das ganze Vermögen irgendjemandem vermachen oder auch einer gemeinnützigen Organisation.

Eine Übersicht über die gesetzlichen Erbteile und die Pflichtteile findet sich auf der nächsten Seite. Daraus zeigt sich, dass ein Testament besonders für unverheiratete Personen ohne Nachkommen wichtig ist: Eine ledige, kinderlose Frau, die noch einen Bruder hat, darf diesen im Testament völlig leer ausgehen lassen – falls sie hingegen kein Testament hinterlässt, erbt er automatisch alles.

Das Testament für Konkubinatspaare

Von ganz entscheidender Bedeutung ist ein Testament für Konkubinatspaare: Sind keine gesetzlichen Erben vorhanden, ist dies die einfachste Möglichkeit, den Partner für den Todesfall zu begünstigen. Das gilt auch für gleichgeschlechtliche Paare, die ihre Partnerschaft nicht eingetragen haben.

Denn: Hinterlässt eine Person, die mit einer anderen unverheiratet und nicht in einer eingetrage-

Fortsetzung auf Seite 55

> **INFO**
>
> ### Das Erbrecht ist nicht sakrosankt
>
> Das Erbrecht sieht zwar mit seinen Pflichtteilen feste Anteile vor, die im Todesfall an Kinder, Ehegatten und Eltern gehen müssen. Wenn allerdings diese Pflichtteile nicht respektiert werden und niemand dagegen klagt, passiert nichts. Der Staat greift in einem solchen Fall nicht etwa von selber ein, um dieses an sich nicht korrekte Testament abzuändern. Allerdings ist es nicht zu empfehlen, sich darauf zu verlassen, dass niemand klagt. Wer die Pflichtteile nicht einhalten will, tut gut daran, dies in einem Erbvertrag gemeinsam mit allen Beteiligten schriftlich festzuhalten.

DIE GESETZLICHEN ERBTEILE UND DIE PFLICHTTEILE

Erben	Erbteile		Pflichtteile / freie Quote	
Ehegatte/-gattin + Nachkommen	Ehegatte/-gattin Nachkommen	1/2 1/2	Ehegatte/-gattin Nachkommen freie Quote	1/4 3/8 3/8
Nur Nachkommen	Nachkommen	1/1	Nachkommen freie Quote	3/4 1/4
Ehegatte/-gattin + Eltern	Ehegatte/-gattin Eltern je	3/4 1/8	Ehegatte/-gattin Eltern je freie Quote	3/8 1/16 1/2
Ehegatte/-gattin + Geschwister	Ehegatte/-gattin Geschwister	3/4 1/4	Ehegatte/-gattin Geschwister freie Quote	3/8 — 5/8
Ehegatte/-gattin + ein Elternteil + Geschwister	Ehegatte/-gattin Elternteil Geschwister	3/4 1/8 1/8	Ehegatte/-gattin Elternteil Geschwister freie Quote	3/8 1/16 — 9/16
Ehegatte/-gattin + grosselterlicher Stamm (Tanten/Onkel, Cousins/Cousinen)	Ehegatte/-gattin Erben des grosselterlichen Stammes	1/1 —	Ehegatte/-gattin freie Quote	1/2 1/2
Nur beide Eltern	Vater Mutter	1/2 1/2	Vater Mutter freie Quote	1/4 1/4 1/2
Nur ein Elternteil	Elternteil	1/1	Elternteil freie Quote	1/2 1/2
Ein Elternteil + Geschwister	Elternteil Geschwister	1/2 1/2	Elternteil Geschwister freie Quote	1/4 — 3/4
Nur Geschwister	Geschwister	1/1	Geschwister freie Quote	— 1/1
Nur grosselterlicher Stamm (Tanten/Onkel, Cousins/Cousinen)	Erben des grosselterlichen Stammes	1/1	Erben des grosselterlichen Stammes freie Quote	— 1/1

Fortsetzung von Seite 53

nen Partnerschaft gelebt hat, keine gesetzlichen Erben und kein Testament, so fällt das Geld an den Staat.

Wichtig ist der Güterstand, in dem das Paar gelebt hat

Beim Tod eines Ehepartners ist der Güterstand von entscheidender Bedeutung.

Wenn die beiden nichts anderes vereinbart haben, gilt die Errungenschaftsbeteiligung. Das bedeutet Folgendes: Das, was beide bei der Heirat besessen und in die Ehe eingebracht haben, ist das Eigengut. Dieses gehört weiterhin den beiden Partnern separat, auch nach dem Tod.

Das Vermögen hingegen, das die beiden während der Ehe gemeinsam erwirtschaftet haben, ist die Errungenschaft, und diese gehört je hälftig beiden Partnern (siehe auch Seite 57 ff.).

Stirbt eine der beiden Personen, so besteht ihr Nachlass also aus ihrem Eigengut und der Hälfte der Errungenschaft. Ein Paar, das im Güterstand der Errungenschaftsbeteiligung den Nachlass sauber regeln will, tut gut daran, die beiden Eigengüter und die Errungenschaft möglichst genau auseinanderzuhalten und schriftlich niederzulegen.

Die beiden anderen Güterstände sind die Gütergemeinschaft und die Gütertrennung.

Bei der **Gütergemeinschaft** wird alles in einen Topf gelegt und bildet das Gesamtgut, im Todesfall wird dieses halbiert. Bei der **Gütertrennung** behalten beide Partner das, was sie in die Ehe einge-

---

INFO

Die elegante Alternative: Der Erbvertrag

Der Vorteil eines Testaments ist, dass es eine Person allein verfassen kann. Das Gegenstück ist der Erbvertrag, mit dem sich alle Beteiligten, also auch die Erben, einverstanden erklären müssen. In einem solchen Vertrag ist es auch ganz einfach möglich, Bestimmungen etwa über die Pflichtteile ausser Kraft zu setzen (siehe dazu den Kasten auf Seite 54).

Besonders für Patchworkfamilien, wenn also Kinder und Partner aus verschiedenen Ehen da sind oder wenn Geschiedene mit neuen Partnern unverheiratet zusammenleben, ist dies eine gute Lösung.

Ein Erbvertrag muss bei einem Notar beglaubigt und von allen beteiligten Personen, also auch den Erben, unterschrieben werden; diese müssen allerdings mündig, das heisst mindestens 18 Jahre alt sein. Auch nachträgliche Änderungen sind nur mit dem Einverständnis aller Beteiligten möglich, allerdings können diese ohne Gang zum Notar vorgenommen werden, müssen aber schriftlich formuliert und von allen unterschrieben werden.

Wenn ein Erbvertrag für eine komplizierte familiäre Situation mit vielen Beteiligten erstellt werden soll, lohnt es sich, eine fachkundige Beratung einzuholen.

Im hinteren Teil dieses Kapitels ist geschildert, welche Rolle ein Erbvertrag spielen kann, wenn sich Ehepaare mit gemeinsamen Kindern optimal gegenseitig begünstigen möchten.

bracht und was sie jeweils während der Ehe erwirtschaftet haben.

Im Falle des Todes eines Ehepartners wird zuerst die güterrechtliche Frage geklärt, und dann erst kommt das Erbrecht beziehungsweise das Testament zum Zug. Das heisst, dass etwa bei der Errungenschaftsbeteiligung nur das Eigengut der verstorbenen Person und die Hälfte der Errungenschaft in die Erbmasse fallen.

Beim Tod einer Person kommen nicht wirklich alle Werte in den Nachlass; was bedeutet, dass der Rest nicht unter den Erben aufgeteilt wird und dass dafür auch keine Erbschaftssteuern bezahlt werden müssen.

Das betrifft vor allem die Leistungen aus der 2. und 3. Säule. Diese – zum Beispiel Witwen- und Waisenrenten – werden ausgerichtet ohne Berücksichtigung der erbrechtlichen Situation. Und auch die Kapitalleistung aus einer Todesfall-Risikoversicherung gehört nicht in den Nachlass, allerdings muss der Rückkaufswert einer gebundenen und steuerprivilegierten Police der 3. Säule bei der Einhaltung der Pflichtteile berücksichtigt werden. Das Gleiche gilt für Geld, das auf einem Konto der 3. Säule angelegt ist.

Alles Wichtige zum Erben steht im Saldo-Ratgeber «Erben und Vererben». Sie können das 140-seitige Buch über Tel. 044 253 90 70 bestellen oder im Internet auf www.saldo.ch.

Erbschaftssteuern, Vorbezüge und Schenkungen

Auch wenn nur gerade der Kanton Schwyz keine Erbschaftssteuer kennt: In allen Kantonen ist der überlebende Ehegatte und in den meisten Kantonen sind auch direkte Nachkommen davon befreit. Ausnahmen bei der letzteren Regel sind Appenzell Innerrhoden, Waadt und Neuenburg, alle drei kennen hier allerdings unterschiedlich hohe Freibeträge.

Eltern sind in einigen Kantonen von der Erbschaftsteuer befreit, in den anderen gelten stark unterschiedliche Freibeträge. Konkubinatspartner werden gegenüber anderen nicht verwandten Erben

---

INFO

Welche Form muss ein Testament haben?

Ein Testament muss von A bis Z von Hand geschrieben sein sowie Datum und Unterschrift tragen; die Unterschrift muss unten sein. Hingegen ist es nicht erforderlich, dass der im Pass eingetragene Name verwendet wird: Eine Frau, die offiziell Caroline heisst, aber immer als Caro bekannt war, kann durchaus diesen Rufnamen im Testament verwenden.

Wichtig ist einfach, dass die Person unzweifelhaft identifiziert werden kann.

Wer will, kann auch ein so genanntes öffentliches Testament verfassen beziehungsweise verfassen lassen: Ein solches wird von einem Notar geschrieben und von zwei Zeugen, zum Beispiel Angestellten des Notariatsbüros, bezeugt.

in gewissen Kantonen bessergestellt.

Die Steuern können empfindlich hoch sein. Deshalb lohnt es sich oft, bereits zu Lebzeiten einen Teil des Vermögens weiterzugeben. Dies kann mit einem Erbvorbezug – an gesetzliche Erben – oder einer Schenkung – an beliebige Personen – geschehen.

Allerdings sind solche Leistungen bei der Erbteilung in der Regel wieder auszugleichen: Wenn also ein Vater seinem Sohn für den Aufbau eines Geschäfts 200 000 Franken gibt und ein paar Jahre darauf stirbt, kann die Tochter verlangen, dass dieser Betrag beim Erbgang angerechnet wird. Im Testament kann diese Ausgleichung allerdings ausgeschlossen werden, wenn dabei keine Pflichtteile verletzt werden.

Die Alternative zum Erbvorbezug: Das Darlehen

Ein solcher Erbvorbezug ist dann sinnvoll, wenn sich die Eltern leisten können, auf das Geld zu verzichten. Eine Alternative dazu wäre ein Darlehen, das man nötigenfalls wieder zurückfordern kann.

Aus steuerlicher Sicht ist ein Erbvorbezug oder eine Schenkung deshalb von Vorteil, weil so nicht das ganze Vermögen auf einmal vererbt und somit die steuerliche Progression gebrochen werden kann – eventuell kann auch der Vorbezug selber in mehrere Tranchen aufgeteilt werden.

Zusätzlich kann man die Steuerbelastung mildern, indem man eine Schenkung mit der Nutzniessung verbindet. So kann man relativ früh der Tochter oder dem Sohn eine Liegenschaft weitergeben, aber für die überlebende Ehefrau das lebenslange Wohnrecht darin festlegen. Der Wert der Schenkung vermindert sich dann um den aufgerechneten Mietwert.

Beachten Sie: Schenkungen (ausser in Schwyz und Luzern) und Erbvorbezüge (ausser in Schwyz) unterliegen auch den kantonalen Erbschafts- und Schenkungssteuern.

In jedem Fall empfiehlt es sich, Erbvorbezüge, Schenkungen und Darlehen schriftlich zu regeln. Damit vermeidet man unter Umständen böse Auseinandersetzungen unter den Erben.

Optimale Begünstigung unter Ehepartnern: So wird es gemacht

«Mein Ehepartner soll alles erhalten!»: Wenn sich Ehepaare nach diesem Motto gegenseitig optimal begünstigen möchten, haben sie verschiedene Möglichkeiten. Hier folgt ein Überblick – abgestimmt auf drei typische Situationen und jeweils mit den zwei Varianten mit und ohne gemeinsame Kinder.

Für das Verständnis des Folgenden sind drei Begriffe wichtig, die die Zusammensetzung des ehelichen Vermögens betreffen: Eigengut, Errungenschaft und Vorschlag.

■ Zum **Eigengut** gehört alles, was ein Partner mit in die Ehe bringt, sowie Geschenke und Erbschaften, die er während der Ehe erhält.

> **INFO**
>
> **Registrierte gleichgeschlechtliche Partner**
>
> Gleichgeschlechtliche Paare, die ihre Partnerschaft eingetragen haben, werden von AHV und Pensionskasse beim Tod des einen Partners wie Ehepaare behandelt, was Witwen- oder Witwerrenten betrifft. Damit sind sie gegenüber einem «normalen» Konkubinat bevorteilt.
>
> Auch im Erbrecht und bei der Erbschaftssteuer sind solche Paare den Ehepaaren gleichgestellt.

Auch allfällige Genugtuungsleistungen (zum Beispiel Schmerzensgeld von einer Versicherung) und sämtliche Gegenstände, die ausschliesslich dem persönlichen Gebrauch dienen (Instrumente, Kleider, Sportausrüstungen usw.), zählen zum Eigengut.

■ Mit der **Errungenschaft** ist das gemeinsam Ersparte gemeint. Die Errungenschaft umfasst alles, was die Partner ab dem Zeitpunkt der Eheschliessung «erringen», also erarbeiten und mit dem Lohn kaufen. Zur Errungenschaft zählen ebenfalls das während der Ehe gemeinsam gekaufte und aus Lohn finanzierte Wohneigentum, Erträge aus dem Eigengut (Zinsen und Dividenden) sowie Renten.

■ Falls die Errungenschaft einen positiven Saldo ausweist (also die Schulden nicht überwiegen), so heisst diese Summe **Vorschlag**.

Beachten Sie zum besseren Verständnis des Nachfolgenden auch noch diese Punkte:

■ Wenn in den drei typischen Situationen von Kindern die Rede ist, sind immer gemeinsame Kinder des Ehepaares gemeint. Bei Patchworkfamilien hingegen ist die Situation anders; darauf wird hier nicht eingegangen.

■ Zudem ist hier immer der «normale» Güterstand der Errungenschaftsbeteiligung vorausgesetzt, der bei der Heirat automatisch eintritt. Dieser Güterstand ist am weitesten verbreitet.

Ein wichtiges Element der optimalen Begünstigung ist der Ehe- und Erbvertrag. Er muss öffentlich beurkundet werden, es braucht also dazu den Gang zum Notar. Damit sind Kosten von einigen hundert Franken verbunden (je nach Kanton).

Und noch eine Finesse: Im folgenden Text ist oft von Anordnungen die Rede, die im Testament gemacht werden können. Diese Lösung hat den Nachteil, dass jeder Ehepartner sein Testament jederzeit in eigener Regie ändern kann.

Diese «Unverbindlichkeit» können die Eheleute umgehen, indem sie die gewünschten Anordnungen für den Todesfall in einem gemeinsamen Erbvertrag festhalten. Dieser ist nur noch im gegenseitigen Einvernehmen abänderbar.

Auf der K-Tipp-Homepage (und im Anhang in Kap. 10) finden Sie Mustervorlagen für Ehevertrag, Ehe- und Erbvertrag (mit Rückfallklausel bzw. Nacherbschaft) und Erbvertrag mit den Kindern.

Situation 1: Nur gemeinsam Erspartes vorhanden
Im Detail: Bei Heirat kein Vermögen vorhanden, keine Erbschaften und Schenkungen erhalten,

Geld während der Ehe gemeinsam erwirtschaftet.
Variante mit gemeinsamen Kindern: Ehevertrag.
Ohne Ehevertrag und ohne Testament würde Folgendes passieren: Der überlebende Ehepartner erhält nur die Hälfte der Errungenschaft gemäss Eherecht. Die andere Hälfte kommt in den Nachlass (wird zum Erbe), wovon der überlebende Ehepartner die Hälfte erbt, die andere Hälfte erben die Kinder.

Was tun? Die Eheleute vereinbaren mit einem öffentlich beurkundeten Ehevertrag, dass der gesamte Vorschlag dem überlebenden Ehepartner zufallen soll. Beim Fehlen von Eigengut (also nur Errungenschaft vorhanden) umfasst dieser Vorschlag das ganze Vermögen nach Abzug der Schulden.

Resultat: Stirbt ein Ehepartner, gibt es keine Erbschaft zum Verteilen, die Kinder erhalten (noch) nichts, weil der überlebende Ehe-

4 Absicherung des Partners

FRAGE

Pflegekosten: Verhindert Gütertrennung die Zahlungspflicht?

Ich möchte verhindern, dass meine Ehefrau dereinst für meine Kosten aufkommen muss, wenn ich ins Pflegeheim muss. Deshalb will ich mit ihr die Gütertrennung vereinbaren. Kann ich so das Vermögen meiner Frau schützen für den Fall, dass mein eigenes Geld komplett für die Pflegekosten draufgeht?

Nein. Die Ehe verpflichtet alle Ehepaare, gemeinsam für den ehelichen Unterhalt aufzukommen. Zum Unterhalt gehören unter anderem die Aufwendungen für die Grundbedürfnisse wie Ernährung, Unterkunft, Bekleidung, Körperpflege und Gesundheit. Das sind Leistungen, die auch im Zusammenhang mit einem Aufenthalt in einem Pflegeheim nötig sind.

Für die Kosten heisst das: Was Sie selber nicht mehr zahlen können, muss Ihre Frau übernehmen, soweit sie es sich leisten kann. Auch der Güterstand der Gütertrennung kann diese eheliche Beistandspflicht nicht einschränken.

Nun stellt sich die Frage: Kann das Pflegeheim selber Ihrer Frau quasi eine Rechnung schicken? Bei der Antwort ist zu unterscheiden:

■ Im Normalfall hat das Heim kein direktes Forderungsrecht an Ihre Frau, es kann sie also nicht direkt belangen.

■ Aber: Manche Pflegeheime beugen dem vor und lassen den zu Hause bleibenden Ehepartner den Pensionsvertrag mitunterschreiben, der ausdrücklich eine gemeinsame Haftung für die Pflegekosten vorsieht. Dann ist die Ehefrau zum Zahlen verpflichtet.

In den meisten Fällen läuft das Ganze aber über das Sozialamt ab. Sollten Sie nämlich im Heim bedürftig werden, könnte Ihnen das Sozialamt die Sozialhilfe kürzen oder ganz verweigern, falls Ihre Ehefrau für Sie aufkommen könnte, dies aber nicht tut.

Mit anderen Worten: Das Sozialamt kann Sie faktisch zwingen, Ihren Unterhaltsanspruch gegenüber Ihrer Frau geltend zu machen und sie zum Zahlen zu bewegen. Möglich ist auch, dass Sie diesen Anspruch an das Sozialamt abtreten. Für Ihre Frau läuft dies letztlich auf das Gleiche heraus.

Sozialhilfe kürzen oder verweigern heisst: Das Amt würde prüfen, bis zu welchem Betrag Ihre Frau Sie aufgrund ihres Einkommens und Vermögens unterstützen könnte. Im Umfang dieses Betrags würde Ihre Sozialhilfe gekürzt oder allenfalls ganz verweigert.

FRAGE

Überschreibung des Hauses: Kann die Gemeinde zugreifen?

Wir haben lange für unser Haus gespart und verfügen über wenig Barvermögen. Da wir später vielleicht einmal ins Altersheim müssen, möchten wir das Haus unseren Söhnen überschreiben, um es vor dem Zugriff der Gemeinde zu schützen. Geht das? Wir haben gehört, dass die Gemeinde nach der Überschreibung noch zehn Jahre lang auf das Haus zugreifen kann.

Sobald Sie das Haus auf Ihre Söhne überschrieben haben, gehört es den Kindern. Gegen diese Schenkung zu Lebzeiten kann die Gemeinde nichts unternehmen.

Die zehn Jahre spielen aber im Zusammenhang mit den Ergänzungsleistungen (EL) eine Rolle: Reichen die AHV- und allfällige Pensionskassenrenten zur Deckung der Altersheimkosten nicht aus, müssen Sie EL beantragen. Ob jemand Anspruch auf EL hat, hängt vom Einkommen ab. Dabei wird ein bestimmter Bruchteil des Vermögens als Einkommen angerechnet (siehe Seite 44).

Es zählt jedoch nicht nur das vorhandene Kapital, sondern es wird auch in die Vergangenheit geschaut.

Hat der Antragsteller zu einem früheren Zeitpunkt freiwillig auf Vermögen verzichtet, wird es angerechnet, wie wenn es noch vorhanden wäre. Allerdings werden für maximal zehn Jahre 10 000 Franken pro Jahr abgeschrieben (siehe Seite 45).

Reichen AHV und Pensionskassenrente sowie EL für die Bezahlung des Altersheims nicht aus, muss die Wohngemeinde Sozialhilfe leisten. Das Sozialamt bezahlt allerdings nur das, wozu es gesetzlich verpflichtet ist.

Leben Ihre Söhne dann in finanziell günstigen Verhältnissen, können sie vom Sozialamt aufgefordert werden, zu Ihrem Lebensunterhalt beizutragen (Verwandtenunterstützungspflicht, siehe Kasten auf Seite 63).

gatte das ganze Vermögen bereits auf Grund des Ehevertrags erhält.

Stirbt dann auch der zweite Ehepartner, geht alles, was noch vorhanden ist, an die Kinder (sofern der überlebende Ehepartner im Testament nichts anderes bestimmt hat).

Was aber geschieht, wenn der erste Ehepartner gestorben ist und der überlebende Ehepartner wieder heiratet? Dann würde der neue Ehepartner unter anderem die Hälfte des übriggebliebenen Nachlasses des Erstverstorbenen erhalten, sobald der überlebende Ehepartner stirbt.

Das können die «ursprünglichen» Eheleute im Ehevertrag verhindern, indem sie dort eine sogenannte Rückfallklausel (oder eine Nacherbschaft) aufnehmen. Sie besagt, dass Kinder in einem solchen Fall (auch zweiter Elternteil ist tot) das Erbe erhalten, das sie beim Tod des zuerst gestorbenen Elternteils erhalten hätten.

Variante ohne Kinder:
Ehevertrag oder Testament.
Sind keine Kinder vorhanden, braucht es nur dann einen Ehevertrag, wenn noch Eltern leben (weil diese ein Pflichtteilsrecht haben). Mit einem solchen Ehevertrag passiert beim Tod des ersten Partners das Gleiche wie oben: Der überlebende Partner erhält die gesamte Errungenschaft, die Eltern erhalten nichts.

Leben keine Eltern mehr, erübrigt sich ein Ehevertrag, es reicht ein Testament, in dem der Ehepartner als Alleinerbe eingesetzt wird. Ohne ein solches Testament würden allenfalls Geschwister oder Nichten/Neffen einen Viertel erben.

Hat das Ehepaar ein Haus, dann gibt es mit der Lösung Ehevertrag oder Testament kein Problem, weil der überlebende Ehepartner alleiniger Eigentümer des Hauses wird – egal ob gemeinsame Kinder vorhanden sind oder nicht.

Situation 2:
Nebst Erspartem ist auch ein kleines Erbe im Spiel
Im Detail: Wenig Vermögen bei der Heirat vorhanden, kleinere Summen geerbt oder geschenkt erhalten, viel Geld während der Ehe gemeinsam erwirtschaftet.
Variante mit gemeinsamen Kindern: Ehevertrag plus Testament, in dem die Kinder auf den Pflichtteil gesetzt werden, oder Erbvertrag, in dem die Kinder auf ihren Pflichtteil verzichten.
Resultat ohne Erbvertrag: Ist zusätzlich zur Errungenschaft (gemeinsam erarbeitet) noch etwas Eigengut vorhanden (zum Beispiel ein Erbe), kann der überlebende Ehegatte auch noch (zusätzlich zum Ehevertrag, siehe Situation 1) per Testament begünstigt werden. Beide Ehepartner schreiben in ihr Testament, dass die Kinder auf den Pflichtteil gesetzt werden und dass die frei verfügbare Quote dem überlebenden Ehepartner zufallen soll.

Beispiel: Der Mann hat 100 000 Franken geerbt (Eigengut). Zwei Kinder erhalten nach Gesetz die Hälfte, also je 25 000 Franken. Werden sie auf den Pflichtteil gesetzt, erhalten sie je nur 18 750 Franken (drei Viertel). Die überlebende Ehegattin erhält so von diesen geerbten 100 000 Franken 62 500 Franken statt nur 50 000 Franken (siehe Tabelle auf Seite 54).

Nachteil dieser Lösung: Im schlimmsten Fall müsste die überlebende Ehefrau das gemeinsame Haus verkaufen oder die Hypothek erhöhen, falls die Kinder auf der Auszahlung ihres Erbteils bestehen.

Resultat mit Erbvertrag: Solche Probleme lassen sich mit einem Erbvertrag verhindern, in welchem die Kinder freiwillig auf ihren Pflichtteil verzichten, bis auch der zweite Elternteil tot ist. Die Kinder müssen aber damit einverstanden sein und den Erbvertrag mitunterzeichnen.

Auch hier stellt sich die Frage: Was geschieht, wenn der erste Ehepartner gestorben ist und der überlebende Ehepartner wieder heiratet? Dann würde der neue Ehepartner unter anderem die Hälfte des übriggebliebenen Nachlasses des Erstverstorbenen erhalten, sobald der überlebende Ehepartner stirbt.

Hier ist eine Rückfallklausel im Ehe- und Erbvertrag (oder eine Nacherbschaft) zugunsten der Nachkommen denkbar. Ihr Zweck ist es, dass die Kinder in einem solchen Fall (auch der zweite El-

**4
Absicherung des Partners**

FRAGE

Das Haus einem Sohn zu einem guten Preis verkaufen?

Ich besitze ein Einfamilienhaus mit einem Verkehrswert von etwa 900 000 Franken; es wird von einem meiner drei Söhne bewohnt. Ich möchte dem Sohn das Haus zum Preis von 600 000 Franken verkaufen. Als Ausgleich bezahlt er seinen beiden Brüdern je 200 000 Franken. Was muss ich dabei beachten?

Keine Frage: Sie dürfen Ihrem Sohn das Haus zu einem deutlich tieferen Preis als dem Verkehrswert verkaufen. Bei der Erbteilung (also nach Ihrem Tod) muss er die Schenkung zu Lebzeiten aber ausgleichen.

Für die Bestimmung der Erbquoten ist dannzumal der Wert des Hauses zum Zeitpunkt der Erbteilung massgebend. Beträgt der Wert zu diesem Zeitpunkt immer noch 900 000 Franken, hat jeder Sohn Anspruch auf 300 000 Franken aus Ihrem Erbe. Da die beiden anderen Söhne bis jetzt nur je 200 000 Franken erhalten haben, stehen ihnen bei der Erbteilung weitere 100 000 Franken zu.

Aber: Sie können Ihren Sohn im Testament explizit von der Ausgleichspflicht befreien. Beträgt das Nachlassvermögen 900 000 Franken, steht jedem Sohn aber mindestens ein Pflichtteil von 225 000 Franken zu.

Die beste Lösung wäre ein Erbvertrag, in dem sich die beiden anderen Söhne mit der einmaligen Zahlung von 200 000 Franken zum Zeitpunkt der Eigentumsübertragung zufriedengeben und bei der Erbteilung auf weitere Ansprüche im Zusammenhang mit dem Haus verzichten. So lassen sich Auseinandersetzungen bei der Erbteilung verhindern.

---

ternteil ist gestorben) das Erbe erhalten, das sie beim Tod des zuerst gestorbenen Elternteils erhalten hätten.

Variante ohne Kinder: Sind keine Kinder vorhanden, aber Eltern, braucht es für die Meistbegünstigung ebenfalls einen Ehevertrag. Zusätzlich können die Eltern mittels Testament auf den Pflichtteil gesetzt werden. So würden die Eltern einen kleinen Teil des Erbes (des Eigenguts) erhalten (je $1/16$).

Oder: Die Eltern verzichten freiwillig und von sich aus auf ihren Pflichtteil, was jedoch einen Erbvertrag erfordert.

Man kann auch die ganze Erbschaft mittels Ehevertrag und Testament dem überlebenden Ehegatten zuwenden und darauf spekulieren, dass die Eltern vor dem Ehepartner sterben oder dass die Eltern diese «heimliche» Enterbung nicht anfechten.

Leben keine Eltern mehr, erübrigt sich ein Ehe- oder Erbvertrag, es reicht ein Testament, in dem der Ehepartner als Alleinerbe eingesetzt wird. Ohne Testament würden allenfalls Geschwister oder Nichten/Neffen einen Viertel erben.

Situation 3: Viel Eigengut, viel gemeinsam Erspartes

Im Detail: Viel Vermögen bei der Heirat vorhanden, grössere Summen geerbt oder geschenkt erhalten, viel Geld während der Ehe gemeinsam erwirtschaftet.

Juristisch betrachtet, ist diese Situation gleich wie Situation 2. Aber es geht um eine grössere Erbschaft. Also ist ein Ehe- und Erbvertrag umso lohnender. Allerdings könnte es schwieriger werden, das Einverständnis der Kinder (oder der Eltern) zu erhalten, auf ihren Pflichtteil zu verzichten.

Variante mit gemeinsamen Kindern: Ehevertrag plus Testament, in dem die Kinder auf den Pflichtteil gesetzt werden, oder Erbvertrag, in dem die Kinder auf ihren Pflichtteil verzichten.

Wenn die Kinder mit einem Erbvertrag einverstanden sind, gibt es keine Probleme. Die Frau erhält alles – auch ein allfällig vorhandenes Haus.

Das Einverständnis der Kinder ist eventuell mit einer Nacherb-

VERWANDTENUNTERSTÜTZUNG

Tochter mit Sozialhilfe: Zwingt uns die Gemeinde zum Zahlen?

Unsere Tochter ist geschieden und alleinerziehend. Sie ist auf Sozialhilfe angewiesen. Kann die Wohngemeinde allenfalls auf uns zukommen, damit wir unsere Tochter finanziell unterstützen? Wie sieht das rechtlich aus? Müssen wir dann zahlen?

Nein. Die Gemeinde kann Sie nur auffordern, etwas zum Lebensunterhalt Ihrer Tochter beizutragen. Im Streitfall entscheidet aber immer das Zivilgericht, ob Sie etwas beisteuern müssen oder nicht.

Die meisten Gemeinden halten sich an die Richtlinien der Konferenz für Sozialhilfe (Skos). Diese geben vor, wie hoch das Jahreseinkommen der Angehörigen sein soll, damit eine Zahlungspflicht abgeklärt wird.

Bis Ende 2008 waren dies 60 000 Franken für Alleinstehende und 80 000 Franken für Verheiratete. Auf Anfang 2009 hat die Skos diese Beträge auf 120 000 Franken für Alleinstehende und 180 000 Franken für Verheiratete erhöht.

Aber: Auch wenn Sie über ein so hohes Einkommen verfügen, müssen Sie nicht automatisch zahlen. Ein Gericht würde Sie nur dann zu Zahlungen verpflichten, wenn Sie finanziell in «günstigen Verhältnissen» leben.

«Günstige Verhältnisse» liegen laut Bundesgericht vor, wenn sich jemand einen gehobenen Lebensstil und die Bildung eines angemessenen Sparkapitals leisten kann. Bei älteren Personen sind zudem Rückstellungen für das Alters- und Pflegeheim zu berücksichtigen (Bundesgericht, Urteil 5C.186/2006 vom 21.11.2007).

Im konkreten Fall haben die Richter entschieden, dass die Unterstützungspflicht einer Grossmutter für ihre Enkelinnen erst bei einem Einkommen von «deutlich über 10 000 Franken» pro Monat in Frage kommt – das wären somit weit über 120 000 Franken Jahreseinkommen für eine Einzelperson.

Oft wird auch das Vermögen berücksichtigt. Haben sie ein grosses Vermögen, prüfen einige Gerichte, ob Eltern dieses für die Tochter angreifen müssen. Je nach Kanton werden dabei die Bestimmungen zu den Ergänzungsleistungen beigezogen, oder es wird auf die entsprechenden Skos-Richtlinien abgestellt. Dabei wird jeweils noch ein Freibetrag abgezogen.

Das Sozialamt darf nur so viel von Ihnen einfordern, wie es an Ihre Tochter auszahlt bzw. ausbezahlt hat. Rückwirkend darf es die Beiträge für höchstens ein Jahr verlangen.

Tipp: Wenn sich Betroffene in solchen oder ähnlichen Fällen gegen die Forderung der Gemeinde wehren wollen, so ist es ratsam, sich eine Anwältin oder einen Anwalt zu nehmen.

schaft oder Rückfallklausel leichter erhältlich (siehe Situationen 1 und 2).

Falls aber die Kinder keinen Erbvertrag und damit auch keinen vorläufigen Verzicht wollen, hat das Ehepaar zum einen die Möglichkeit, via Ehevertrag dem überlebenden Ehepartner die ganze Errungenschaft zuzuweisen und die Kinder im Testament auf den Pflichtteil zu setzen.

Aber diese Lösung könnte zur Folge haben, dass der überlebende Ehepartner das gemeinsame Haus verkaufen muss, falls die Kinder die Auszahlung ihres Erbteils verlangen (wozu sie berechtigt sind).

Hier kommt die Möglichkeit ins Spiel, dem überlebenden Ehepartner das Nutzniessungsrecht einzuräumen. Die Ehepartner legen (zusätzlich zum Ehevertrag) im Testament fest, dass der überlebende Ehepartner das Nutzniessungsrecht am Erbanteil der Kinder erhält. Das kann Barwerte oder Immobilien betreffen.

Folge: Die Kinder können nicht auf Auszahlung ihres Erbteils bestehen, somit besteht kein Zwang auf Verkauf des gemeinsamen Hauses, und der überlebende Partner kann es nutzen, das heisst darin bis an sein Lebensende wohnen (oder es vermieten und Zinsen kassieren). Aber er darf das Haus (und allenfalls Wertschriften) nicht verkaufen oder verschenken.

Das Einräumen der Nutzniessung hat immer zur Folge, dass der Erblasser dem überlebenden Ehepartner nur einen Viertel des Nachlasses zu Eigentum vermachen kann. Über diesen Viertel kann der überlebende Ehepartner frei verfügen.

Hier empfiehlt es sich, im Testament eine Zuteilung zu machen. Optimal ist, dass dieser zugeteilte Viertel aus Barvermögen und Wertschriften besteht, damit der überlebende Partner «flüssig» ist.

Mehr noch: Im Testament können die Ehepartner die Wahlmöglichkeit festlegen. Beim Tod des Partners kann der überlebende Ehepartner dann selber wählen, ob er die Nutzniessung (wie geschildert) will oder die erstere Variante (Ehevertrag und Kinder im Testament auf den Pflichtteil gesetzt).

Variante ohne Kinder.
Auch hier gilt das Gleiche wie in Situation 2.w

4
Absicherung des Partners

5 Gesundheit im Alter
Entscheidend ist, wie gut man zu sich schaut

Trotz aller medizinischen Fortschritte und der immer steigenden Lebenserwartung: Ein Mittel, das ewige Jugend gewährt, gibt es nicht. Aber jeder und jede kann selber viel dazu beitragen, Gesundheit und Selbständigkeit bis ins hohe Alter zu bewahren.

Alt werden bei guter geistiger und körperlicher Gesundheit – das wünschen sich alle. Und die Chancen, dieses Ziel zu erreichen, standen noch nie so gut wie heute. Wer mit 65 in Pension geht, hat im Durchschnitt noch rund 19 Lebensjahre vor sich. Zum Vergleich: Vor 100 Jahren lag die durchschnittliche Lebenserwartung noch bei 50 Jahren. Dennoch sind heute sehr viele Senioren bis ins hohe Alter rüstig und vital.

Es kommt nicht nur auf äussere Faktoren an

Wie ein Mensch altert, hängt nicht nur von seiner Konstitution ab, sondern stark auch von der Lebensführung und vom seelischen Wohlbefinden. Heute kennt die Wissenschaft mehrere Erfolgsfaktoren, die entscheidend dazu beitragen, ob man ein hohes Alter bei Gesundheit, Aktivität und Selbständigkeit erleben darf:

- **Gesunder Lebensstil:** Leben Sie gesundheitsbewusst, und zwar unabhängig von Ihrem Alter. Dazu gehören vor allem regelmässige Bewegung und eine ausgewogene Ernährung (siehe Seite 70 f.). Damit verringern Sie das Risiko von Herzkrankheiten, Bluthochdruck, Diabetes und Osteoporose. Zudem sollten Sie nicht rauchen und mit Alkohol und Medikamenten zurückhaltend umgehen. Auch Stress kann auf Dauer krank machen. Vermeiden Sie deshalb lang anhaltende körperliche und seelische Überbelastung.

- **Positive Lebenseinstellung:** Älter zu werden ist kein Grund, Trübsal zu blasen. Das Alter eröffnet viele Chancen. Und eine positive Einstellung zum Leben kann über Rückschläge hinweghelfen. Freuen Sie sich an den schönen Seiten des Lebens und tun Sie Dinge, die Sie glücklich machen. Begreifen Sie das Alter als Lebensphase, in der Sie sich weiterentwickeln können. Sie können Ihre Fertigkeiten und Interessen erweitern und zu neuen Einsichten finden.

- **Kontakte pflegen:** Viele ältere Menschen ziehen sich zurück und verabschieden sich allmählich von der Gesellschaft. Dies ist ein Fehler! Wer sich Zeit nimmt und die Kontakte mit Familie, Freunden und Bekannten pflegt, ist glücklicher und bleibt länger gesund und selbständig. Das beweisen auch neuere wissenschaftliche Arbeiten. Besonders der Kontakt mit jüngeren Menschen bietet Möglichkeiten zu gegenseitiger Anregung und Bereicherung. Nutzen Sie auch das breite Angebot von Vereinen und Organisationen.

- **Aktiv bleiben:** Setzen Sie körperliche, geistige und soziale Aktivitäten, die Sie in früheren Lebensjahren entwickelt haben, auch im Alter fort. Suchen Sie also interessante Beschäftigungen, an denen Sie Freude haben. Nutzen Sie die freie Zeit, um Neues zu lernen. Sie können auch im Alter Gedächtnis und Denken trainieren (siehe Seite 74 ff.). Setzen Sie sich bewusst mit Entwicklungen in Ihrer Umwelt, im Bereich der Gesellschaft, Technik, der Medien und des Verkehrs auseinander und fragen Sie sich, wie Sie diese Entwicklungen für sich selbst nutzen können (siehe auch S. 107 f.).

- **Auf den Körper hören:** Dass sich vor allem Männer zu wenig um ihre Gesundheit kümmern und Warnzeichen nicht ernst nehmen, ist mit ein Grund, warum sie weniger alt werden als Frauen. Viele nehmen körperliche Veränderungen und Schmerzen einfach hin.

Auch dies ist ein Fehler: Wer auf seinen Körper hört und bei den regelmässigen Kontrollen beim Hausarzt seine Gesundheitsprobleme ausführlich bespricht, hat ungleich bessere Chancen, dass beginnende (Alters-)Krankheiten früher erkannt und besser behandelt werden können. Wenn Erkrankungen auftreten, wenden Sie sich also rechtzeitig an Ihren Arzt. Eine frühzeitige Diagnose bedeutet bessere Chancen auf eine erfolgreiche Therapie.

- **Risiken meiden:** Etwa 30 Prozent aller über 65-Jährigen stürzen mindestens einmal im Jahr, oft mit gravierenden Folgen. Fast jeder zweite Patient erholt sich nach einem Bruch des Oberschenkelknochens nicht mehr und wird pflegebedürftig. Viele Stürze ereignen sich aus Leichtsinn und falscher

IN DIESEM KAPITEL

- 66 Nicht nur äussere Faktoren sind wichtig
- 67 Vorsorgeuntersuchungen im Alter
- 70 Gesund essen heisst besser leben
- 70 Tipp: Trinken Sie genug
- 72 Treiben Sie Sport
- 72 Schon wenig Sport ist gesund
- 73 Ausdauer, Kraft und Beweglichkeit
- 74 Halten Sie auch den Kopf fit
- 74 Sport-Tipps für Neu- und Wiedereinsteiger
- 75 Tipp: So bleiben Sie beweglich
- 76 Mobilität im Alter: Per Auto und anders
- 78 Sicherheit beim Autofahren

Risikobereitschaft. Und viele davon wären problemlos vermeidbar: Räumen Sie etwa in der Wohnung alle Hindernisse aus dem Weg, über die Sie stolpern könnten. Durch kleine Veränderungen können Sie dazu beitragen, Ihre Selbstständigkeit zu erhalten.

Vorsorgeuntersuchungen im Alter sind wichtig

In der Lebensmitte haben viele Menschen den Wunsch, sich vom Arzt einmal «gründlich durchche-

TIPP

Ratgeber von K-Tipp und Saldo zum Thema

Zu den in diesem Kapitel behandelten Themen finden Sie hier weitere Informationen:
- **Fit im Alltag: So bringen Sie mehr Bewegung ins Leben**
- **Essen und trinken: Tipps für eine gesunde Ernährung**

5
Gesundheit I: Vorsorge

cken» zu lassen. Das bietet ihnen die Chance, Risikofaktoren und Krankheiten frühzeitig zu erkennen, möglichst schon bevor die ersten Symptome auftreten. Insofern sind Vorsorgeuntersuchungen eine gute Sache, allerdings machen sie nur dann Sinn, wenn eine Krankheit durch Verhaltensänderungen oder durch eine entsprechende Behandlung verhindert, stabilisiert oder hinausgezögert werden kann.

Bei gewissen Vorsorgeuntersuchungen und -massnahmen ist der Nutzen umstritten. Einige hingegen haben sich bewährt und sollten regelmässig genutzt werden.

Wie häufig man zu einer Vorsorgeuntersuchung gehen soll, ist individuell verschieden. Folgende Empfehlungen gelten für gesunde Personen, die familiär nicht vorbelastet sind. Häufigere Kontrollen können angezeigt sein, wenn ein erhöhtes Krankheitsrisiko besteht. Ob Sie zu einer Risikogruppe gehören, sagt Ihnen der Arzt.

■ **Blutdruck:** Hoher Blutdruck gehört zu den grössten Risikofaktoren für Herz-Kreislauf-Krankheiten und Schlaganfälle. Ab 20 Jahren sollte man den Blutdruck alle drei Jahre kontrollieren lassen. Leicht erhöhte Werte lassen sich durch Änderungen des Lebensstils korrigieren, was heisst: gesunde Ernährung, mehr Bewegung, weniger Stress, wenig Alkohol, kein Nikotin. Liegt der obere Wert wiederholt über 140 und der untere über 90, muss der Blutdruck mit Medikamenten gesenkt werden.

■ **Cholesterin:** Ein über Jahre hinweg erhöhter Cholesterinwert zählt ebenfalls zu den Hauptursachen vieler Herz-Kreislauf-Krankheiten. Männer sollten ab 35 Jahren, Frauen ab 40 alle fünf Jahre das Cholesterin messen lassen.

■ **Blutzucker:** Diabetes vom Typ 2 entwickelt sich meist unbemerkt. Schätzungsweise zwei Prozent der Bevölkerung wissen gar nicht, dass ihr Blutzucker erhöht ist. Auf Dauer kann dies zu Schäden an Augen, Nieren, Herz und Gefässen führen. Ab 45 Jahren sollte man alle drei Jahre den Blutzucker messen lassen.

■ **Augendruck:** Der grüne Star (Glaukom) bleibt oft lange unentdeckt. Und wenn man etwas merkt, ist es oft zu spät. Der Sehnerv ist dann bereits so stark geschädigt, dass man ihn nicht mehr reparieren kann. Ursache des grünen Stars ist ein über längere Zeit erhöhter Augendruck. Ab dem 40. Altersjahr sollte man den Augendruck alle drei Jahre vom Augenarzt kontrollieren lassen.

■ **Gebärmutterhalskrebs:** Der erste Abstrich vom Gebärmutterhals sollte erfolgen, sobald eine Frau Geschlechtsverkehr hat. Danach empfiehlt es sich, den Abstrich jährlich machen zu lassen. Ist das Resultat bei zwei aufeinanderfolgenden Untersuchungen unauffällig, genügt eine Kontrolle alle drei Jahre.

■ **Brustkrebs:** Frauen ab 50 Jahren wird in der Schweiz empfohlen, alle zwei Jahre die Brust röntgen zu lassen (Mammografie). Viele Ärzte zweifeln jedoch am Nutzen des generellen Brust-Screenings, denn nach zehn Jahren profitieren nur 2 von 1000 Frauen von der Untersuchung. Hinzu kommt: Häufig wird falscher Krebsalarm ausgelöst. Für die Betroffenen, die eine Reihe von unangenehmen und komplikationsreichen weiteren Untersuchungen über sich ergehen lassen müssen, ist dies sehr belastend.

- **Osteoporose:** Besonders Frauen leiden unter dem schleichenden Knochenschwund im Alter. Eine Messung der Knochendichte als Vorsorgeuntersuchung macht jedoch wenig Sinn, denn fortschreitende Osteoporose lässt sich mit Medikamenten nur bedingt aufhalten. Wichtig sind vor allem vorbeugende Massnahmen: viel Bewegung im Freien, kalziumreiche Ernährung, wenig Alkohol und kein Nikotin.
- **Darmkrebs:** Die Suche nach Blut im Stuhl zur Früherkennung von Dickdarmkrebs ist nicht sehr genau. Etwas zuverlässiger ist die Darmspiegelung. Da bei Darmkrebs eine erbliche Komponente besteht, ist die Vorsorgeuntersuchung besonders sinnvoll für jene, die nahe Verwandte mit Darmkrebs haben.
- **Prostatakrebs:** Die regelmässige Vorsorgeuntersuchung auf Prostatakrebs bei Männern über 50 ist höchst umstritten. Neben einer Tastuntersuchung wird der PSA-Wert im Blut gemessen. PSA ist eine Substanz, die von der Prostata ins Blut abgegeben wird. Ist der Wert erhöht, kann das ein Zeichen für einen Tumor sein. Allerdings ist der Aussagewert des PSA-Tests sehr ungenau. Es gibt keinen zuverlässigen unteren Grenzwert und sehr viele falsch positive Befunde. Dies führt zu weiteren unangenehmen und risikoreichen Untersuchungen, die oft völlig unnötig gewesen wären.
- **Hautkrebs:** Die Schweiz zählt in Sachen Hautkrebs europaweit zu jenen Ländern mit den meisten Neuerkrankungen. Die beste Vor-

---

TIPP

In Gesellschaft schmeckt das Essen doppelt gut

Gesund essen geht über die reine Nahrungsaufnahme hinaus. Das Umfeld ist genauso entscheidend. Vielleicht leben Sie allein, haben Zeit und würden gerne kochen, aber für sich alleine macht es keinen Spass. Das sollte kein Grund sein, auf genussvolles Essen zu verzichten. Laden Sie doch ab und zu Bekannte und Freunde ein, tun Sie sich mit anderen Menschen zusammen und kochen Sie gemeinsam, oder gründen Sie einen Mittagstisch, bei dem sich die Teilnehmer mit Kochen abwechseln. Eventuell gibt es in Ihrer Nähe eine Familie, die dankbar Ihre Hilfe in der Küche annimmt.

Wenn es Ihnen nichts ausmacht, für sich alleine zu kochen, können Sie ja danach den Kaffee auswärts in einem Lokal trinken – so sind Sie dennoch in Gesellschaft und können dabei erst noch die Tageszeitung gratis lesen.

Gesundheit I: Vorsorge

sorge ist nach wie vor ein konsequenter Schutz vor der Sonne. Zudem wird empfohlen, verdächtige Hautveränderungen untersuchen zu lassen. Besonders aufmerksam sollten hellhäutige Personen sein und solche, die mehr als 30 Muttermale am Körper haben. Im Rahmen von Aufklärungskampagnen bieten Ärzte oft Screenings an, die man nutzen sollte.

Gesund essen heisst besser leben

Ernährung spielt in jedem Alter eine Schlüsselrolle für die Gesundheit. Untersuchungen belegen jedoch, dass besonders die Altersgruppe der über 50-Jährigen beim Essen häufig zu kräftig zulangt. Auf dem Speisezettel stehen zudem zu oft Fleisch, Zucker und Fett, dafür zu selten Früchte, Gemüse, Fisch und Vollkornprodukte. Mittlerweile sind mehr als die Hälfte aller Frauen und drei Viertel der Männer über 50 übergewichtig. Die überflüssigen Pfunde strapazieren nicht nur die Gelenke, sondern begünstigen auch eine Vielzahl von Erkrankungen wie Diabetes, Bluthochdruck, Herzkrankheiten und Schlaganfälle.

Hinzu kommt: Je älter wir werden, desto weniger Kalorien benötigt der Körper. Schon ein 30-Jähriger kann nicht mehr ungestraft so viel futtern wie ein 20-Jähriger. Ein 65-jähriger Mann braucht im Schnitt rund 500 Kilokalorien weniger am Tag als ein junger Mann, das entspricht etwa einer Tafel Schokolade. Bei einer 65-jährigen Frau sind es rund 300 Kilokalorien weniger. Dies zum einen, weil man sich im Alter generell weniger bewegt, und zum anderen, weil der Stoffwechsel träger wird und die Muskelmasse abnimmt.

Allerdings: Auch wenn der Körper weniger Energie benötigt, bleibt der Bedarf an Nährstoffen und Vitaminen im Alter unverändert hoch. Das bedeutet, dass die Essensportionen kleiner sein sollten, die Nahrungsmittel dafür qualitativ besser und der Menüplan möglichst vielseitig.

Wenn Sie sich schon in jüngeren Jahren abwechslungsreich ernährt haben, brauchen Sie Ihre Ernährung nicht gross umzustellen. Essen Sie nur so viel, wie Sie wirklich brauchen – so halten oder verbessern Sie Ihr Gewicht. Und vergessen Sie nicht: Verboten ist gar nichts. Für eine gesunde Ernährung entscheidend ist alleine die richtige Mischung.

TIPP

Trinken Sie genug!

Trinken Sie viel, auch wenn Sie keinen Durst haben! Leichter gesagt als getan – denn im Alter lässt das natürliche Durstempfinden nach. Das hat Folgen: Weil man weniger durstig ist, trinkt man weniger und trocknet förmlich aus. Und das wiederum belastet Kreislauf und Stoffwechsel. Wer zu wenig trinkt, wird schnell müde, hat Probleme mit der Konzentration und leidet vermehrt unter Durchblutungsstörungen. Weil der Körper mit zunehmendem Alter ohnehin an Wassergehalt verliert, ist es wichtig, über den Tag verteilt mindestens 1,5 Liter zu trinken. Am besten Wasser, verdünnte Fruchtsäfte oder ungesüssten Tee. Auch bis zu vier Tassen Kaffee zählen zur täglichen Flüssigkeitszufuhr.

- Geniessen Sie **Früchte und Gemüse** in allen Variationen und Farben, so wird Ihr Körper optimal mit Vitaminen und Mineralstoffen versorgt. Ideal sind fünf Portionen pro Tag. Eine Portion entspricht einer Hand voll.
- Eine ausreichende **Eiweissversorgung** ist im Alter besonders wichtig. Täglich ein Gramm Eiweiss pro Kilogramm Körpergewicht ist optimal. Gute Eiweisslieferanten sind zum Beispiel Fisch, mageres Fleisch, Geflügel, Hülsenfrüchte, Soja, Hüttenkäse und Magerquark.
- Gewöhnen Sie sich **regelmässige Essenszeiten** an. Am besten beginnen Sie mit einem Frühstück, das Energie für den Tag gibt. Sinnvoll sind Kombinationen aus Milch oder Milchprodukten mit Vollkornbrot oder Müesli. Hin und wieder darf es auch ein Frühstücksei sein. Eine Frucht oder ein Glas frisch gepresster Fruchtsäfte runden das Frühstück optimal ab.
- Gönnen Sie sich **täglich eine warme Mahlzeit,** aus frischen, saisonalen Produkten zubereitet und liebevoll angerichtet. Lassen Sie sich von der Vielfalt des Lebensmittelangebots inspirieren, nehmen Sie abwechslungsweise Salat, frisches Gemüse, Hülsenfrüchte, Teigwaren, Kartoffeln oder Reis, Fleisch, Fisch oder auch Käse. Bevorzugen Sie naturbelassene, vollwertige Nahrungsmittel.
- Mit **Snacks, Frittiertem, Wurstwaren, fettigen Saucen und Süssigkeiten** sollten Sie zurückhaltend sein. Übrigens: Die Hälfte des täglich benötigten Fettbedarfs isst man, ohne es zu merken. Denn versteckte Fette finden sich auch in Süsswaren und in vielen Fertigprodukten.
- **Milch und Milchprodukte** liefern Eiweiss und Kalzium, das die Knochen vor Osteoporose schützen kann. Hier sollten Sie jedoch möglichst fettarme (teilentrahmte) Produkte bevorzugen.
- Auch das in Milchprodukten enthaltene **Vitamin D** ist wichtig. Doch der Bedarf kann nicht alleine über die Nahrung abgedeckt werden. Um Ihren täglichen Vitamin-D-Bedarf zu decken, sollten Sie sich pro Tag 30 Minuten im Freien aufhalten; denn Tageslicht hilft mit, das lebensnotwendige Vitamin D zu bilden, und das stärkt die Knochen.

Wenn Sie sich ausgewogen und abwechslungsreich ernähren, können Sie in der Regel auf Vitamintabletten verzichten. Ein zusätzlicher Vitaminschub ist höchstens in speziellen Situationen nötig, et-

> **TIPP**
>
> **Männer an den Herd!**
>
> Gehören Sie zu jenen Männern, die bereits mit dem Brutzeln eines Spiegeleis überfordert sind? Wenn ja, dann sollten Sie das schleunigst ändern! Besuchen Sie einen Kochkurs. Auch wenn Sie es nie zu einem Michelin-Stern bringen werden – jeder Mann sollte imstande sein, einfache Mahlzeiten selber zuzubereiten. Ihre Partnerin könnte krank werden oder vor Ihnen sterben. Dann sollten Sie für sich selber sorgen können.

wa während einer Erkältung oder wenn Sie unter einer anderen Krankheit leiden.

Und noch etwas: Gehen Sie täglich einkaufen. So können Sie nicht nur kleinere Mengen und mehr Frischprodukte kaufen, sondern kommen nebenbei auch zu der gewünschten Bewegung.

Um mit Sport zu beginnen, ist es nie zu spät

Es gibt nichts Besseres als Sport, wenn man bis ins hohe Alter gesund und vital bleiben möchte. Zahlreiche wissenschaftliche Studien zeigen, dass sportliche Aktivität den körperlichen Alterungsprozess deutlich verlangsamt und auch den Abbau der geistigen Leistungsfähigkeit verringert. Kurz: Wer Sport treibt, bleibt länger jung. So wird ein gut trainierter Sechzigjähriger einem vierzigjährigen Bewegungsmuffel in Sachen Fitness in aller Regel um einiges voraus sein.

Wer jedoch annimmt, er habe sich in jungen Jahren genug bewegt und könne sich nun auf der faulen Haut ausruhen, irrt sich. Bei Bewegung gibt es keine Depotwirkung. Um fit zu bleiben, muss man ein ganzes Leben lang aktiv bleiben. Und: Man kann in jedem Alter mit Sport beginnen, getreu dem Motto lieber spät als nie. Das lohnt sich. Denn sportlich aktive Menschen können von zahlreichen gesundheitlichen Vorteilen profitieren:

■ Sie sind weniger anfällig auf Herzkrankheiten und Durchblutungsstörungen. Das Herz ist belastbarer, der Kreislauf stabilisiert sich, die Arterien bleiben länger elastisch. Verengte Arterien sind einer der Hauptgründe für zu hohen Blutdruck und damit eine der Ursachen von Herzkrankheiten und Schlaganfällen.

■ Sie erkranken seltener an Diabetes oder können besser mit dieser Krankheit leben. Denn ein trainierter Körper kann den Zuckerspiegel besser unter Kontrolle halten.

■ Sie senken Ihren Cholesterinspiegel und können Fette besser verarbeiten.

■ Sie haben weniger Probleme mit Übergewicht und schalten so ein wichtiges Gesundheitsrisiko aus.

■ Sie kräftigen Knochen und Muskeln. Sie sind beweglicher und fühlen sich sicherer auf den Beinen. Folge: weniger Unfälle und Knochenbrüche. Das schützt vor Mobilitätsverlust und dessen Folgen wie Isolation, Unselbständigkeit.

■ Sie sind seelisch ausgeglichener und haben weniger Schlafstörungen.

■ Sie sind geistig beweglicher und leistungsfähiger als nichtaktive Stubenhocker.

Schon wenig Aktivität kann viel Gutes bewirken

Ein erster Schritt zur Steigerung von Fitness und Gesundheit ist mehr körperliche Aktivität im Alltag. Die allgemeine Empfehlung für Männer und Frauen jeden Alters lautet: mindestens eine halbe Stunde Bewegung täglich. Dabei sollte die Anstrengung gerade so gross sein, dass der Puls leicht ansteigt und man etwas schneller atmen muss. Über den Tag verteilte Bewegungseinheiten von zehn Minuten dürfen addiert werden.

Dieses Mimimalpensum können auch Menschen erfüllen, die mit Sport wenig am Hut haben. Zum Beispiel mit einem täglichen Spaziergang oder auch mit ganz gewöhnlichen Alltagsaktivitäten wie Gartenarbeit, Schneeschaufeln, Staubsaugen oder Fensterputzen. Es gibt unzählige weitere Möglichkeiten, um den Körper täglich in Schwung zu halten, zum Beispiel:

- Treppen steigen statt den Lift nehmen
- tanzen
- mit Enkelkindern herumtollen
- kleine Besorgungen zu Fuss erledigen
- ein Programm mit Gymnastikübungen durchturnen.

Übrigens: Am meisten gewinnen inaktive Menschen, wenn sie sich häufiger bewegen. Das heisst: Schon das kleinste Plus an sportlicher Betätigung bringt Bewegungsmuffeln einen sehr hohen gesundheitlichen Nutzen.

Trainieren Sie Kraft, Ausdauer, und Beweglichkeit

Den grössten gesundheitsfördernden Effekt haben ein moderates Ausdauertraining und ein gezieltes Krafttraining. Speziell gut geeignet, um die Ausdauer zu verbessern, sind Walking, Jogging, Velofahren, Schwimmen und Aqua-Fit, also Wassergymnastik. Richtig ausgeführt, strapazieren diese Sportarten Gelenke, Sehnen und Bänder nicht übermässig und bergen kaum ein Unfallrisiko.

Allerdings sollte man das Älterwerden sportlich nehmen und akzeptieren, dass im sechsten Lebensjahrzehnt keine Höchstleistungen mehr gefragt sind. Zu forcieren und sich bis zur Erschöpfung zu verausgaben, bringt nichts. Es erhöht nicht einmal den Trainingseffekt, sondern ist nur gefährlich. Deshalb gilt: Strengen Sie sich beim Sport nur so stark an, dass Sie mit dem Trainingspartner noch ein Gespräch führen können, ohne nach jedem zweiten Wort nach Luft zu japsen.

Für ein möglichst effektives Kreislauftraining sollten Sie regelmässig zwei bis drei Mal pro Woche während 20 bis 60 Minuten Ausdauersport treiben. Wenn das Training immer leichter fällt, steigern Sie sich so: Zuerst trainieren Sie häufiger, dann länger. Erst in einem dritten Schritt sollten Sie die Intensität des Trainings erhöhen.

Ohne regelmässige Bewegung verliert der Mensch im Laufe des Lebens fast die Hälfte seiner Muskulatur und Kraft. Ein ausgewogenes Krafttraining kann dem schleichenden Muskelabbau vorbeugen. Das ist bis ins hohe Alter möglich. Längst sind Fitnessstudios nicht mehr nur Domänen der Jungen. Besonders Einsteiger trainieren an Geräten oder mit Hanteln am besten unter fachkundiger Anleitung. Viele Fitnessstudios, Pro Senectute oder die Migros Klubschule bieten auch speziell für ältere

Gesundheit I: Vorsorge

Menschen unterschiedliche Möglichkeiten des Krafttrainings an. Wichtig ist auch hier, dass man regelmässig zwei bis drei Mal pro Woche trainiert.

Ausdauer und Kraft bilden die Grundlage für körperliche Leistungsfähigkeit. Eine wichtige Rolle spielen aber auch Koordination, Gleichgewichtssinn, Stabilität und Beweglichkeit. Tanzen, Gymnastik, Yoga oder Ballspiele schulen den Körper in diesen Bereichen.

Auch der Kopf muss fit gehalten werden

Mindestens so wichtig wie die körperliche Gesundheit ist die geistige Fitness. Eine Vielzahl von Studien bestätigt es: Wer sein Leben lang geistig aktiv ist, der lässt auch im Alter nicht so schnell nach. Denn wie gut unser Gehirn funktioniert, hängt weniger vom Alter ab als vom jeweiligen Trainingszustand. Dabei verhält es sich ähnlich wie mit einem Muskel: Wird das Denkorgan regelmässig gefordert, kann es bis ins hohe Alter leistungsfähig bleiben. Ein gutes Beispiel dafür sind Musiker oder Schauspieler, die auch mit 70 oder 80 Jahren noch regelmässig auf der Bühne stehen.

Das menschliche Gehirn hat etwa 100 Milliarden Nervenzellen, sogenannte Neuronen. Diese Zahl verändert sich im Alter kaum: 80-Jährige haben noch fast gleich viele Nervenzellen wie Jugendliche. Geistige Leistung entsteht auch

---

TIPP

Sportliche Wiedereinsteiger und Neueinsteiger

Wer die Fünfzig überschritten hat und nach etlichen bewegungsarmen Jahren mit regelmässigem Training beginnen will, sollte zuerst seinen Arzt fragen, ob aus medizinischer Sicht etwas gegen bestimmte sportliche Aktivitäten spricht. Das gilt besonders dann, wenn Probleme mit dem Kreislauf, dem Blutdruck, Stoffwechsel, Rücken oder den Gelenken bekannt sind. Nach einer Untersuchung wird er Ihnen sagen können, welche Art von Sport Ihnen gut tut und wie viel Sie sich zumuten dürfen.

Wiedereinsteiger, die früher vielleicht einmal begeisterte Tennisspieler waren oder einen vergleichbaren Sport mit hohen körperlichen Belastungen betrieben haben, sollten die Gefahr einer möglichen Überbelastung nicht unterschätzen. Ab 50 fährt man auf jeden Fall besser mit gelenkschonenden Sportarten wie Schwimmen, Walken oder Velofahren – um nur einige zu nennen.

Das gilt auch für Neueinsteiger, die unbedingt darauf achten sollten, langsam mit dem Training zu beginnen und die Intensität nur in sehr kleinen Schritten zu erhöhen.

Und noch ein Tipp: Besonders am Anfang ist es empfehlenswert, in einer festen Gruppe Sport zu treiben. Das macht Spass und motiviert. Zudem können dort geschulte Instruktoren zeigen, auf was man beim Training achten muss und wie man sich richtig bewegt.

> **TIPP**
>
> ### So bleiben Sie in Bewegung
>
> - Kleine Veränderungen bewirken mehr als grosse Vorsätze. Steigern Sie Ihr Bewegungspensum bei alltäglichen Tätigkeiten wie Einkaufen, Treppensteigen, Staubsaugen und so weiter.
> - Bewegen Sie sich täglich mindestens 30 Minuten oder 3 Mal 10 Minuten so intensiv, dass der Puls leicht ansteigt.
> - Treiben Sie so Sport, dass Sie Freude daran haben. Wenn Sie sich jedes Mal von Neuem überwinden müssen, werden Sie das Training über kurz oder lang aufgeben – und das kann nicht Zweck der Übung sein.
> - Ob Sie in einer Gruppe, zu zweit oder alleine trainieren, spielt keine Rolle. Hauptsache, Sie machen etwas. Mit Gleichgesinnten Sport zu treiben, eröffnet aber auch die Chance, neue Kontakte zu knüpfen.
> - Stecken Sie sich keine unrealistischen Ziele. Das frustriert höchstens. Trainieren Sie mässig, aber regelmässig. Später können Sie das Training ja immer noch ausbauen.
> - Wärmen Sie sich vor dem Training gut auf. Dehnungsübungen schützen vor Verletzungen. Nach dem Training sollten Sie Ihrem Körper ausreichend Erholung gönnen.
> - Wenn plötzlich Schmerzen auftreten, wenn Sie keine Luft mehr kriegen oder sich unwohl fühlen, hören Sie sofort auf. Wenn Sie sich nicht rasch erholen, suchen Sie schnell einen Arzt auf.

nicht aus der Anzahl von Neuronen, sondern aus den Verbindungen zwischen ihnen, den Synapsen. Jedes Neuron kann 10 000 bis 20 000 Verbindungen zu anderen herstellen. Wenn wir eine komplexe Aufgabe lösen müssen, stärken und vermehren sich die Verbindungen zwischen den Gehirnzellen. Umgekehrt bilden sich bestehende Verknüpfungen zurück, wenn das Gehirn unterfordert ist.

Genau das geschieht oft mit dem Rückzug aus der Arbeitswelt. Manche Menschen stellen nach der Pensionierung fest, dass sie vergesslicher werden und sich schlechter konzentrieren können. Daran ist in den wenigsten Fällen allein das Alter schuld, der Grund liegt viel mehr im Mangel an «Kopfarbeit». Weniger soziale Kontakte und weniger Aktivität bedeuten auch weniger Impulse fürs Gehirn. Ein amerikanisches Sprichwort bringt es auf den Punkt: «Use it or lose it», auf Deutsch: Benutze es oder verliere es.

Unser Kopf will fortwährend gefordert werden, und dafür gibt es viele Möglichkeiten. Reisen zählt zum Beispiel dazu, dabei muss das Gehirn laufend neue Sinneseindrücke und Erfahrungen verarbeiten. Musikhören und Lesen stimulieren die grauen Zellen ebenfalls. Das Wichtigste ist aber: Nehmen Sie aktiv und mit wachem Interesse am Alltagsgeschehen teil, bleiben Sie offen für Neues, pflegen Sie Kontakte, engagieren

Sie sich in einem Verein, beschäftigen Sie sich mit einem anspruchsvollen Hobby – all dies steigert die Chance, dass Sie bis ins hohe Alter geistig beweglich bleiben.

Unterhaltsam kann auch gezieltes «Gehirnjogging» sein. Mit kniffligen Aufgaben lassen sich auf spielerische Weise ganz unterschiedliche Gehirnfunktionen trainieren (siehe Kasten rechts).

Was Hänschen nie gelernt hat, lernt Hans mit 65

Fast jeder, der die Fünfzig überschritten hat, kennt kleine Alltagslücken des Gehirns. Es fällt zunehmend schwerer, sich an Namen, Telefonnummern oder Geheimcodes von Kreditkarten zu erinnern. Gegenstände befinden sich nicht dort, wo man glaubt, sie hingelegt zu haben, und nach einem Einkauf ohne Liste fehlt die Hälfte.

Dass das Kurzzeitgedächtnis mit den Jahren etwas nachlässt, ist normal. Trotzdem bleibt unser Gehirn ausserordentlich flexibel und lernfähig. Etwas Neues zu lernen ist bis ins hohe Alter noch gut möglich, es dauert bloss ein bisschen länger.

Ältere Menschen lernen anders als junge. Sie haben während vieler Jahre einen Vorrat an Wissen, Erfahrung und praktischer Klugheit gesammelt. Mit dieser Altersweisheit lassen sich Lücken im Arbeitsgedächtnis gut kompensieren. Denn mit dem breiten Fundus an Erfahrungswissen lässt sich Neues vernetzen, bewerten und einordnen. Besonders gut gelingt das, wenn man einen persönlichen Bezug zum Lernstoff herstellen kann. Reines Prüfungswissen, wie es in der Schule oft verlangt wird, ist im Alter nicht mehr gefragt. Das Einzige, was jetzt zählt, ist der Spass am Lernen und die Freude an den kleinen Lernfortschritten.

Mobilität im Alter: Es gibt nicht nur das Auto

Wer es gewohnt ist, mit dem Auto zu reisen, einzukaufen oder Ausflüge zu machen, möchte diesen Komfort auch mit zunehmendem Alter nicht missen. Mobilität erhöht die Lebensqualität im Alter. Deshalb hat das Auto besonders bei Senioren einen hohen Stellenwert. Es sichert Selbständigkeit und Unabhängigkeit.

Trotzdem sollten Sie sich nicht allein aufs Auto verlassen. Gehen Sie öfters zu Fuss und benutzen Sie wenn möglich auch öffentliche Verkehrsmittel. Denn Sie wissen nicht, bis zu welchem Alter Sie mit dem eigenen Wagen unterwegs sein können. Daran sollten Sie auch denken, wenn Sie abgelegen wohnen oder wenn Sie im Alter noch einmal umziehen (siehe Kapitel 9).

Ältere Menschen fahren prinzipiell nicht schlechter als jüngere. Ihre jahrzehntelange Fahrpraxis bedeutet einen grossen Vorsprung gegenüber jüngeren Fahrern. Ein älterer Autolenker fährt in der Regel vorsichtiger und schätzt das eigene Können meist realistischer ein als ein Fahrausweisneuling.

Was aber viele nicht wahrhaben wollen: Im Hintergrund passiert der schleichende Prozess des Alterns. Daraus ergeben sich ganz konkrete Handicaps und Risiken, die das Autofahren erschweren. Die Sehschärfe lässt nach, insbesondere auch das Sehen in der Dunkelheit, zudem wird das Gesichtsfeld kleiner. Auch die Reaktionsfähigkeit nimmt ab. Im Alter werden zudem die Muskeln schwächer und die Gelenke steifer, was die Beweglichkeit einschränkt.

Bis zu einem gewissen Punkt kompensiert die Erfahrung, was der Körper nicht mehr leisten kann. Danach steigt das Risiko, eine Gefahr für andere Verkehrsteilnehmer zu sein, deutlich. Man

---

TIPP

Halten Sie Ihren Kopf mit Gehirnjogging fit

Um die grauen Zellen fit zu halten, sollten Sie möglichst viele verschiedene Gehirnfunktionen trainieren: Langzeit- und Kurzzeitgedächtnis, räumliches Vorstellungsvermögen, Wahrnehmung, Konzentration, Merkfähigkeit, logisches Denken, Sprache, Feinmotorik, Kreativität, Reaktionsvermögen. Entsprechende Kurse bieten Volkshochschulen und Pro Senectute an. Aber auch im Alltag ergeben sich genügend Möglichkeiten, um das Gehirn zu trainieren und zu fordern. Dazu einige Anregungen:

- Zahlreiche Spiele fordern das Gehirn in unterschiedlichen Bereichen, zum Beispiel Schach, Dame, Backgammon, Kartenspiele, Scrabble.
- Lösen Sie knifflige Rätsel oder Sudokus.
- Markieren Sie sich am Morgen beim Zeitunglesen einige Zahlen, Namen und Fakten mit einem Leuchtstift. Versuchen Sie sich am Abend daran zu erinnern und sie auf ein Blatt Papier zu schreiben.
- Versuchen Sie Einkäufe ohne Merkzettel zu bewältigen. Benutzen Sie die Liste nur zur Not als Spickzettel.
- Lesen Sie einen anspruchsvollen Text. Fassen Sie den Inhalt mit eigenen Worten zusammen.
- Lassen Sie vor dem Einschlafen Tagesereignisse Revue passieren.
- Lernen Sie Lieder und Texte auswendig, am besten in einem Chor oder einer Theatergruppe.
- Frischen Sie eine Fremdsprache auf oder lernen Sie eine neue.
- Lernen Sie ein Instrument spielen.
- Betrachten Sie beim Warten aufs Tram eine Hausfassade. Schliessen Sie die Augen und versuchen Sie sich an möglichst viele Details zu erinnern.
- Wenn Sie Rechtshänder sind: Erledigen Sie gewohnte Tätigkeiten wie Schreiben, Kämmen oder Zähneputzen ab und zu mit der linken Hand. Linkshänder umgekehrt.
- Wer sich gerne mit Denksport die Zeit vertreibt, findet eine Unmenge an kniffligen Aufgaben in Büchern zum Thema «Gehirntraining». Spezielle PC-Software bietet ebenfalls Stoff zum Üben, und auch im Internet gibts Rätsel und Aufgaben für das tägliche Hirntraining zwischendurch, zum Beispiel unter
www.brain-fit.com
www.hirnsport.de
www.grauezelle.net
www.puzzlesite.nl/index_de.html
www.ahano.de

Gesundheit I: Vorsorge

übersieht rote Lichtsignale, Fussgänger, Velofahrer. Weil der Schulterblick schmerzt, lässt man ihn weg. Man reagiert falsch oder zu spät in einer kritischen Situation. Besonders gefährlich wird es, wenn jemand am Steuer sitzt, der diese Beeinträchtigungen selber nicht wahrnimmt.

Ein weiteres Risiko können Medikamente sein, besonders wenn sie die Reaktionszeit verringern oder schläfrig machen. Tücken lauern auch bei einer beginnenden Demenz. Mit fortschreitender Krankheit nehmen Aufmerksamkeit, Urteils- und Orientierungsvermögen ab, was zu gravierenden Fahrfehlern und tragischen Unfällen führen kann.

Es ist fatal, wenn zuerst ein Unfall passieren muss, bevor ältere

TIPPS

Mehr Sicherheit beim Autofahren

- Lassen Sie ab Alter 60 von Ihrem Arzt jährlich einmal den allgemeinen Gesundheitszustand prüfen und die Augen durch einen Augenarzt kontrollieren.
- Fahren Sie regelmässig, um die Routine und die Sicherheit nicht zu verlieren.
- Besuchen Sie zum Auffrischen Ihrer theoretischen Kenntnisse über (neue) Verkehrsregeln und -vorschriften einen Kurs.
- Beachten Sie, dass gewisse Medikamente die Fahrtüchtigkeit beeinträchtigen. Sie können Schläfrigkeit, Schwindel oder verschwommenes Sehen verursachen und die Reaktionszeit verlängern. Klären Sie mit dem Arzt, ob Ihre Medikamente ans Steuer dürfen.
- Ein automatisches Getriebe, elektrisch verstellbare Aussenspiegel, Bremsassistenten oder Einparkhilfen erleichtern das Fahren.
- Planen Sie längere Autofahrten im Voraus: Meiden Sie Verkehrsstosszeiten und wählen Sie lieber landschaftlich interessante Strecken, auch wenn sie einen kleinen Umweg gegenüber monotonen Strecken bedeuten. Planen Sie genügend Zeit ein und schalten Sie bei längeren Fahrten regelmässig Ruhepausen ein.
- Achten Sie besonders nachts auf saubere Windschutzscheiben und Rückspiegel.
- Beobachten Sie das eigene Fahrverhalten und achten Sie auf Warnsignale wie schlechtes Sehen oder zunehmende Unsicherheit. Nehmen Sie kritische Voten ernst, wenn Angehörige und Freunde an Ihren Fahrkünsten zweifeln.
- Um die Fahrtüchtigkeit zu überprüfen, kann eine einzelne Fahrstunde bei einem Fahrlehrer hilfreich sein.
- In Zusammenarbeit mit Pro Senectute bieten ACS und TCS regelmässig Auffrischungskurse für ältere Autofahrer an. Die Kurse werden regional durchgeführt, am besten erkundigen Sie sich bei der jeweiligen Geschäftsstelle.

Weitere Informationen finden Sie in der Broschüre «Autofahren im Alter», herausgegeben von der Schweizerischen Beratungsstelle für Unfallverhütung (BFU). Gratis-Download unter www.bfu.ch → Strassenverkehr → Themen → Senioren.

Menschen realisieren, dass ihre Fahrtüchtigkeit nicht mehr genügt. Ab Alter 70 müssen Autofahrer alle zwei Jahre ihre Fahrtauglichkeit von einem Arzt prüfen lassen. Der Arzt untersucht, ob Augen und Gehör in Ordnung sind, auch Konzentrations- und Reaktionsvermögen prüft er. In einigen Kantonen kann der Hausarzt den Patienten an einen Vertrauensarzt des Strassenverkehrsamtes weiterleiten. Im Zweifelsfall gibts eine Testfahrt. Die Behörde entscheidet dann, ob der Senior weiterhin ans Steuer darf.

Die medizinischen Kontrollen durch Hausärzte sind jedoch nicht unproblematisch. Denn diese stehen oft vor einem Dilemma: Einerseits kennen Hausärzte die Patienten meist sehr lange und können ihren Zustand gut einschätzen. Anderseits gibt es Ärzte, die es mit ihren langjährigen Patienten nicht verscherzen wollen und beim Attest beide Augen zudrücken.

Das Billett freiwillig abzugeben, fällt den meisten Senioren schwer. Und manchen fehlt auch die Einsicht, dass es vernünftiger wäre, mit Autofahren aufzuhören. Das bereitet auch Familienangehörigen oft grosse Sorgen. Zum Beispiel wenn der 80-jährige Vater trotz beginnender Altersdemenz weiter fährt und der Hausarzt nicht einschreitet.

In solchen Fällen hilft manchmal nur hartes Durchgreifen: Angehörige sollten sich nicht scheuen, das Strassenverkehrsamt zu benachrichtigen. Und notfalls den Autoschlüssel zu verstecken.

5 Gesundheit I: Vorsorge

6 Krankenversicherung für Pensionäre
Gesundheit im Alter kann sehr teuer werden

In jungen Jahren verkraftet der menschliche Körper auch grosse Belastungen. Im Alter wird man anfälliger für Krankheiten, Unfälle und Verletzungen.
So wird Gesundheit zum Kostenfaktor – und deshalb muss man sich auch mit dem Versicherungsschutz befassen.

Die Menschen werden – oder wurden zumindest bisher – immer älter. Und auch wenn viele Leute bis ins hohe Alter rüstig und gesund bleiben, steigen die Kosten für die Gesundheit im Alter seit Jahren regelmässig und massiv an: Eine 85-jährige Person beansprucht im Durchschnitt zehnmal so hohe Versicherungsleistungen wie jemand mit 30 Jahren.

Und da man auch beim besten Versicherungsschutz für einen Teil der Kosten selber aufkommen muss, wird dieses Thema im Alter immer wichtiger.

Steigende Krankenkassenprämien etwa können das Rentnerbudget arg strapazieren. Deshalb sollten Sie Ihre Krankenkassen-Police bei der Pensionierung besonders genau unter die Lupe nehmen. Und sich Fragen stellen wie: Bekommen Sie dieselben Leistungen bei einer anderen Kasse günstiger? Oder: Haben Sie Zusatzversicherungen, auf die Sie verzichten können?

Allerdings müssen Sie sehr genau überlegen, ob Sie die versicherten Leistungen reduzieren wollen, da die Wahrscheinlichkeit, dass man sie braucht, im Alter am grössten ist. Umgekehrt ist es im Alter kaum mehr möglich, zusätzliche Leistungen neu zu versichern.

Bei der Grundversicherung ist es relativ einfach

Relativ einfach ist der Krankenkassen-Check bei der obligatorischen Grundversicherung. Diese bietet einen umfassenden Versicherungsschutz für die notwendige medizinische Behandlung. Auch wer «nur» die Grundversicherung hat, hat Anspruch darauf, dass die Krankenkasse seine vollen Heilungskosten für Arztbesuche, Spital, Medikamente und andere notwendige Leistungen zahlt. Mit anderen Worten: Die medizinische Grundversorgung ist gewährleistet.

Die bezahlten Leistungen sind bei allen Anbietern identisch, egal ob man bei einer teuren oder bei einer günstigen Krankenkasse versichert ist. Mit dem Wechsel zu einer günstigeren Kasse oder zu einem Sparmodell der Grundversi-

---

INFO

Teure Mütter – günstige Töchter

Das sind die grossen, teuren Krankenkassen, die eigene Billigkassen haben:
- **CSS:** Arcosana, Auxilia
- **Helsana:** Progrès, Sansan, Avanex, Aerosana, Indivo, Maxi.ch
- **Visana:** Vivacare, Sana24
- **Das sind die 15 Mitgliedkassen der Groupe Mutuel:**
Avantis, Avenir, Caisse Vaudoise, CMBB/SKBH, CM EOS, CM Fonction Publique, CM Troistorrents, Easy Sana, Hermes, KUV St. Moritz, Mutuel Assurances, Natura, Panorama, Philos und Universa.

cherung lässt sich viel Geld sparen, ohne dass man dabei ernsthafte Leistungseinbussen in Kauf nehmen muss. Die Kassen müssen jede Person ohne Gesundheitsprüfung aufnehmen – unabhängig vom Gesundheitszustand und vom Alter.

Sparmöglichkeiten bei der Grundversicherung

Mit folgenden Möglichkeiten kann man in der obligatorischen Grundversicherung Geld sparen:

- **Wechsel zu einer günstigeren Kasse:** Die teuersten Krankenkassen verlangen für die obligatorische Grundversicherung zum Teil über 100 Franken monatlich mehr als die günstigsten. Die Krankenkassen geben jeweils im Herbst die Prämien fürs kommende Jahr bekannt. Am besten vergleicht man dann und überlegt sich eine Kündigung. Die Kündigung muss spätestens am 30. November bei der Kasse eingetroffen sein.

Der Wechsel erfolgt dann auf Anfang Jahr. Wechseln können im Herbst alle Grundversicherten, unabhängig von ihrer Franchise und egal, ob die Prämie steigt, sinkt oder bleibt.

Wer bei einer grossen Krankenkasse versichert ist, kann zu einer günstigeren Tochtergesellschaft wechseln (siehe Kasten auf der Seite links). Das ist komfortabel für Personen mit Zusatzversicherungen: Trotz Wechsel bei der Grundversicherung läuft die gesamte Administration weiterhin über ein und dieselbe Krankenkasse.

IN DIESEM KAPITEL

- 81 Sparmöglichkeiten bei der obligatorischen Grundversicherung der Krankenkasse
- 82 Tipps zum Wechseln der Grundversicherung
- 83 Hier erhalten Sie Prämieninformationen
- 84 Die freiwilligen Zusatzversicherungen der Krankenkassen
- 85 Der Anspruch auf Prämienverbilligung
- 86 Die Spital-Zusatzversicherungen
- 86 Checkliste zur Spital-Zusatzversicherung
- 87 Die Sparmöglichkeiten bei den Spital-Zusatzversicherungen
- 89 Grund- und Zusatzversicherungen bei zwei verschiedenen Krankenkassen
- 90 Tipp: Richtig kündigen
- 90 Alternativen zur klassischen Spital-Zusatzversicherung
- 91 Der Versicherungsschutz bei Unfall
- 92 Problematische Pflegeversicherungen
- 93 Arzt- und Spitalkosten im Ausland
- 94 Die Patientenverfügung
- 96 Checkliste: Allgemeine Versicherungstipps und -fallen für Pensionierte

- **Höhere Franchise:** Auch ohne Kassenwechsel lässt sich viel Geld sparen – etwa mit einer höheren Franchise bei den Kosten. Fast alle Kassen bieten nebst der gesetzlichen Mindestfranchise von 300 Franken pro Jahr für Erwachsene folgende Franchisestufen an: 500, 1000, 1500, 2000 und 2500 Franken.

Wählt man die höchste Franchise von 2500 Franken, zahlt man pro Jahr bis zu 50 Prozent weniger Prämie, dafür muss man Arzt-, Medikamenten- und Spitalkosten bis 2500 Franken im Jahr selber tragen – plus maximal 700 Franken Selbstbehalt, der bei allen Franchisen anfällt. Erst wenn die Arztkosten höher als 2500 Franken sind, erstattet die Krankenkasse die Mehrkosten zurück.

Ob man mit einer höheren Franchise sparen kann, weiss man im Voraus nie. Als Faustregel könnte gelten: Die 300-Franken-Franchise ist für Erwachsene dann empfehlenswert, wenn die Arztkosten 2000 Franken pro Jahr übersteigen.

Ansonsten lohnt sich eher die höchste Franchise, denn die Prämienersparnis fällt meist höher aus als die Kosten.

So der so: Wenn Sie Ihre erhöhte Franchise auf die Grundfranchise zurücksetzen wollen, können Sie dies (zumindest vorläufig noch) immer auf Ende des laufenden Jahres tun – unabhängig vom Gesundheitszustand. Ihre Krankenkasse müssen Sie dar-

CHECKLISTE

Die wichtigsten Tipps für den Wechsel der obligatorischen Grundversicherung der Krankenkasse

- Mit einem Wechsel der Grundversicherung können Sie viel Geld sparen. Die Leistungen sind überall gleich.
- Für einen Wechsel der Grundversicherung sind keine Gesundheitsfragen zu beantworten.
- Auch ältere Menschen, Schwangere oder Kranke können die Grundversicherung problemlos wechseln.
- Alle an Ihrem Wohnort tätigen Kassen müssen Sie in die Grundversicherung aufnehmen.
- Kinder müssen nicht bei der Krankenkasse ihrer Eltern versichert sein.
- Lassen Sie sich nicht abwimmeln. Melden Sie sich schriftlich und eingeschrieben an – ohne vorher eine Offerte zu verlangen (siehe Musterbrief im Anhang auf Seite 139).
- Holen Sie Prämieninfos ein, um zu wissen, welche Kassen an Ihrem Wohnort günstig sind.
- Achten Sie bei Prämienvergleichen darauf, dass Sie Gleiches mit Gleichem vergleichen (zum Beispiel Prämie mit Franchise 300 Franken und Unfallschutz eingeschlossen).
- Versuchen Sie herauszufinden, ob die günstigen Krankenkassen auch einen guten Service haben. Vielleicht wissen Freunde oder Bekannte Bescheid.
- Seien Sie sehr skeptisch, wenn Ihnen freischaffende Krankenkassenvermittler Angebote unterbreiten. Solche Verkäufer empfehlen in der Regel nur Krankenkassen, die ihnen für Neukunden eine Provision zahlen – und das sind nicht unbedingt die günstigsten.
- Sie können die Grundversicherung auch wechseln, wenn Sie jetzt eine Wahlfranchise haben oder ein Sparmodell mit HMO-, Hausarzt- oder Tele-Medizin-Modell. Falls Sie die HMO- beziehungsweise Hausarztversicherung bei der neuen Kasse weiterführen möchten, können Sie dies auf dem Anmeldebrief so vermerken, falls die neue Kasse das Modell überhaupt im Angebot hat.
- Falls Sie die Grundversicherung bei Ihrer Krankenkasse kündigen, die Zusatzversicherungen aber beibehalten wollen, so achten Sie darauf, dass Sie in Ihrem eingeschriebenen Brief die Grundversicherung kündigen und nicht die ganze Police. Und passen Sie auf, dass Ihnen Ihre jetzige Versicherung nur die Kündigung der Grundversicherung und nicht etwa der ganzen Police mitsamt Zusatzversicherungen bestätigt.

Wichtig: Vergessen Sie nicht, dass alle diese Informationen nur für die obligatorische Grundversicherung gelten. Bei den freiwilligen Zusatzversicherungen sind die Spielregeln anders.

TIPP

So kommen Sie zu Prämieninformationen

- Der K-Tipp publiziert jeweils im Herbst, sobald die Grundversicherungs-Prämien für das nächste Jahr offiziell genehmigt und bekannt sind, die wichtigsten Informationen zu den Prämien.
  Interessierte können dann auch einen kostenpflichtigen persönlichen Prämienvergleich bestellen. Zusätzlich erhalten Sie dazu eine Broschüre des VZ Vermögenszentrums mit einer aktuellen und detaillierten Leistungsbeurteilung der ambulanten Zusatzversicherungen. Die Broschüre kann auch einzeln für 11 Franken beim K-Tipp oder beim VZ bestellt werden (Adressen im Kapitel 10).
- Das Bundesamt für Gesundheit (BAG) veröffentlicht jedes Jahr eine kostenlose und vollständige Prämienübersicht. Für eine Bestellung schicken Sie eine an Sie selber adressierte Selbstklebe-Etikette (kein Couvert) an: Bundesamt für Gesundheit, Prämien-Service, 3003 Bern. Bestell-Hotline: Telefon 031 324 88 01. Geben Sie an, für welchen Kanton Sie eine Prämienübersicht wünschen.
- Wer über einen Internetanschluss verfügt, hat zahlreiche Möglichkeiten, die Prämien auf diesem Weg in Erfahrung zu bringen, etwa auf den folgenden Websites:
  www.ktipp.ch
  www.praemien.admin.ch
  www.vzonline.ch
  www.comparis.ch
- **Achtung:** Auf Comparis.ch und anderen Internet-Vergleichsdiensten können Sie bei den Prämienvergleichen direkt eine Offerte verlangen. Das kostet die Kassen viele Millionen Franken, weil sie den Vergleichsdiensten für jede dort angeforderte Offerte eine Gebühr zahlen müssen.
  Diese Kosten können Sie verhindern, indem Sie auf diesen Portalen nur die Prämien vergleichen, dann aber das Portal verlassen und die Offerte direkt bei der Homepage der jeweiligen Krankenkasse anfordern.

über bis spätestens Ende November informieren.

- **HMO-Modell:** Bei diesem Modell muss der Versicherte immer zuerst die HMO-Gruppenpraxis aufsuchen. Hier arbeiten Fachärzte und Therapeuten, die fest bei einer Kasse angestellt sind oder ein Budget pro Patient haben. Allerdings unterhalten viele Kassen nur in den Städten HMO-Zentren.
  Mit diesem Modell kann man (je nach Kasse) 10 bis 25 Prozent Prämien sparen.

- **Hausarzt-Modell:** Wer sich so versichert, muss im Prinzip bei jedem medizinischen Problem zuerst zum Hausarzt. Dieser verweist Sie dann falls nötig an einen Spezialisten. Falls Sie direkt zum Spezialisten gehen, muss die Kasse diese Rechnung nicht zahlen. Ausgenommen von dieser Regel sind Notfälle sowie Besuche beim Frauen- und beim Augenarzt.
  Das Gesetz spricht hier von einer «eingeschränkten Wahl des Leistungserbringers». Doch so gross ist diese Einschränkung heute nicht mehr. Bei vielen grossen Kassen kann man praktisch jeden zugelassenen Allgemeinmediziner zum gewählten Hausarzt machen. Fast alle Kassen bieten dieses Modell an. Die Ersparnis beträgt 8 bis 20 Prozent.

6 Gesundheit II: Krankenversicherung

- **Tele-Medizin:** Einige Kassen bieten das Sparmodell «vorgängige telefonische Beratung» an. Dabei müssen Versicherte vor jedem Arztbesuch (ausser bei Notfällen) eine telefonische medizinische Beratung einholen. Sparpotenzial dieser Variante: bis 15 Prozent.

Nach dem Anruf sind die Kunden aber meist frei im Entscheid, ob sie dennoch zum Arzt gehen oder nicht. Die Empfehlung der Person am Telefon ist unverbindlich.

Und die Strafe fürs Fehlverhalten ist harmlos. Die meisten Kassen, die das Modell im Angebot haben, legen fest: Falls Versicherte dennoch ohne vorherigen Anruf zum Arzt gehen, riskieren sie die sofortige Zurückstufung in die Grundversicherung – mit Verlust des Prämienrabatts.

Bei Zusatzversicherungen ist es schon kniffliger

Die Zusatzversicherungen sind nicht nur für die Versicherten freiwillig, sondern auch für die Krankenkassen: Jedem Versicherer steht es nach dem Prinzip der Vertragsfreiheit frei, ob und zu welchen Bedingungen er Interessenten versichern möchte.

Die Kassen können also Versicherungsanträge ohne Begründung ablehnen.

Die Prämien richten sich hier nach dem Risikoprofil der entsprechenden Person: Ältere Versicherte, die mit einem grösseren Krankheitsrisiko behaftet sind, zahlen mehr als Junge.

Die meisten Kassen verweigern älteren Leuten generell die Neuaufnahme in Zusatzversicherungen (ausser bei der Reise- oder Ferienversicherung). In der Regel liegt diese Altersgrenze zwischen 50 und 70 Jahren.

Die Kassen dürfen auch eine Gesundheitsprüfung verlangen und lebenslange Gesundheitsvorbehalte aufgrund der medizinischen Krankengeschichte anbringen. Das führt dazu, dass faktisch nur Gesunde und Jüngere bestehende Zusatzversicherungen von einer Kasse zur anderen wechseln können. Und es bedeutet auch: Wer im Gesundheitsfragebogen etwas Wichtiges verschweigt, muss im Schadenfall mit der sofortigen Kündigung der Versicherung rechnen.

Bei sehr vielen Kassen sind Kündigungen nur einmal pro Jahr mit einer drei- oder sechsmonatigen Kündigungsfrist möglich. Einige wenige Kassen kennen bei den Zusatzversicherungen sogar drei- bis fünfjährige Laufzeiten.

Krankenpflege-Zusätze: Unterschiedliche Leistungen

Bei den freiwilligen Zusatzversicherungen der Krankenkassen ist zu unterscheiden zwischen den «kleinen» Krankenpflege-Zusätzen für besondere Leistungen und den «grossen» Spital-Zusatzversicherungen.

Weil jede Kasse selber bestimmt, was genau in den einzelnen Zusatzversicherungen enthalten ist, sind die einzelnen Angebote insbesondere bei den «kleinen» Zusätzen nicht direkt miteinander vergleichbar. Denn die Krankenkassen verpacken die unterschiedlichsten Leistungselemente in beliebig zusammengewürfelte Kombiprodukte.

Typisch dafür ist beispielsweise das Produkt «Top» der Helsana-Gruppe; es zahlt auch nicht kassenpflichtige Medikamente und besseren Schutz im Ausland, mehr Transportkosten in der Schweiz und mehr Geld für Brillengläser und andere Hilfsmittel als die obligatorische Grundversicherung.

Dazu zahlt Top 75 Prozent der Kosten für Zahnfehlstellungs-Korrekturen bei Kindern. Bei anderen Kassen sind etwa noch Bade- und Erholungskuren, Impfungen, wenige hundert Franken für allgemeine Zahnbehandlungen, Patientenrechtsschutz, die freie Spitalwahl für die allgemeine Abteilung ganze Schweiz, nicht ärztliche Psychotherapie, zusätzliche gynäkologische Vorsorgeuntersuchungen oder mehr Ultraschallkontrollen bei Schwangerschaft bezahlt.

Ein anderes Beispiel: Bei der Swica sind auch die Methoden der Alternativmedizin in der Ergänzungsversicherung «Completa» verpackt, zusammen mit Stillgeld, Schutzimpfungen, Haushalthilfe, Badekuren, Zahnfehlstellungs-

---

TIPP

Wenn Sie Anrecht haben, verlangen Sie Prämienverbilligung!

Wer «in bescheidenen wirtschaftlichen Verhältnissen» lebt, hat Anspruch darauf, dass der Wohnkanton einen Teil seiner Krankenkassenprämien für die Grundversicherung übernimmt.

In einigen Kantonen wird die individuelle Prämienverbilligung direkt bar an die Versicherten ausbezahlt. In anderen Kantonen geht sie an die Krankenkasse, die dann die Prämienrechnung des Versicherten entsprechend reduziert. In einigen wenigen Kantonen wird sie mit der Steuerveranlagung verrechnet.

Jeder Kanton definiert anders, was «bescheidene wirtschaftliche Verhältnisse» sind. Deshalb sind die Anspruchsvoraussetzungen von Kanton zu Kanton unterschiedlich – jeweils abhängig vom steuerbaren Einkommen, vom steuerbaren Vermögen und von den familiären Verhältnissen.

Auch das Anmeldeprozedere ist unterschiedlich: Einige Kantone schreiben die Anspruchsberechtigten selber und direkt an, in anderen Kantonen müssen sich die Berechtigten selber melden.

In vielen Kantonen erhalten auch Leute eine Prämienverbilligung, die bei sehr teuren Krankenkassen versichert sind. In einigen Kantonen sind aber die Anspruchsberechtigten – insbesondere Sozialhilfebezüger – gezwungen, eine günstigere Kasse zu suchen, weil sie sonst nicht mehr die volle Prämienverbilligung erhalten.

Die Liste mit den zuständigen kantonalen Anlaufstellen für die Prämienverbilligung steht im Prämienspiegel, den das BAG jährlich veröffentlicht (www.bag.admin.ch → Themen → Krankenversicherung → Prämien). Grössere Krankenkassen veröffentlichen die Liste regelmässig in ihrer Mitgliederzeitung. Und sie steht auch im AHV-Merkblatt 6.07; dieses ist zu finden im Internet unter www.ahv-iv.info → Merkblätter → Andere Sozialversicherungen.

Tipp: Fragen Sie bei der Gemeindeverwaltung, falls Sie die Anlaufstelle nicht finden.

Gesundheit II: Krankenversicherung

Korrekturen und besonderen Leistungen im Ausland.

Ein Vergleich ist nur möglich, wenn man einzelne Teil-Leistungsbereiche definiert und dann schaut, in welchen Kombiprodukten welche Kasse dafür wie viel bietet.

Der Zusatz «Allgemeine Abteilung ganze Schweiz»
Wer nur die obligatorische Grundversicherung hat, muss bei einem Spitalaufenthalt auf der allgemeinen Abteilung im Mehrbettzimmer liegen – und hat im Spital keine freie Arztwahl. Zudem müssen allgemein Versicherte im Wohnkanton ins Spital.

Wer diese kantonale Beschränkung umgehen will, kann die Versicherungsdeckung «Allgemeine Abteilung ganze Schweiz» wählen. Sie kostet zwischen 5 und 70 Franken, abhängig von Krankenkasse, Wohnort, Alter und den weiteren

---

CHECKLISTE

Was Sie bei den Spital-Zusatzversicherungen beachten müssen

- Vergleichen Sie die Prämien. Lassen Sie sich dabei von der Krankenkasse auch aufzeigen, wie sich Ihre Prämie mit zunehmendem Alter voraussichtlich entwickeln wird.
- Lesen Sie die Reglemente. Viele Kassen bieten in den Spital-Zusatzversicherungen noch weitergehende Leistungen.
- Meiden Sie wenn möglich Mehrjahresverträge. Bei einigen Kassen sind sie zwingend vorgeschrieben, bei anderen Kassen gibt es eine minime Prämienersparnis, falls man sich freiwillig länger bindet.
- Schliessen Sie keine Summenversicherung ab, die bei einem Spitalaufenthalt nicht sämtliche Kosten deckt, sondern nur bis zum versicherten Betrag (zum Beispiel 40 000 Franken). Das ist trügerisch, denn solche Versicherungssummen können bei unerwartet langen Spitalaufenthalten ungenügend sein.
- Die Spitaltaggeld-Versicherungen der Krankenkassen sind eher überflüssig.
- Falls Sie die Spital-Zusatzversicherung kündigen und nicht mehr bei bester Gesundheit oder schon älter sind, kann es passieren, dass Sie nie mehr einen neuen Spitalzusatz bekommen, oder wenn doch, nur noch mit einem Gesundheitsvorbehalt.
- Falls Sie den Spitalzusatz von einer Krankenkasse zur andern wechseln wollen, kündigen Sie den bisherigen erst, wenn Sie von der neuen Krankenkasse die schriftliche Bestätigung haben, dass Sie dort aufgenommen werden.
- Passen Sie auf, dass Sie nur die Spital-Zusatzversicherung kündigen, wenn Sie die Grundversicherung beibehalten wollen – und umgekehrt.
- Nutzen Sie die im Text erwähnten Sparmöglichkeiten – aber erst, nachdem Sie sich über die Konsequenzen wirklich Klarheit verschafft haben.
- Fragen Sie, wie die Modalitäten sind, wenn Sie die betreffende Sparvariante wie etwa eine höhere Franchise wieder rückgängig machen wollen. Es kann sein, dass Sie bei einer solchen Rückstufung einen Vorbehalt akzeptieren müssen oder die Rückstufung abgelehnt wird. Lassen Sie sich die Bedingungen schriftlich bestätigen, die Reglemente der Kassen sind gerade in diesem Punkt oft unklar.
- Denken Sie bei der Spitalwahleinschränkung daran, dass die Kassen die Listen dieser Spitäler jederzeit ändern können.

inbegriffenen Vesicherungsleistungen.

Die Zusatzversicherung «Allgemeine Abteilung ganze Schweiz» zahlt also die Mehrkosten, wenn Versicherte nicht im Heimatkanton ins Spital gehen. Diese Mehrkosten entstehen, weil der Heimatkanton bei ausserkantonalen Behandlungen keine Subventionen zahlt.

Ab 2012 ändert das; dann müssen die Kantone auch bei Behandlungen ennet der Kantonsgrenze den kantonalen Anteil erstatten. Bis die Modalitäten klar sind, sollten Versicherte diesen Zusatz aber beibehalten.

Die Spital-Zusatz halbprivat und privat: Ein teurer Komfort

Viele Versicherte wünschen aber mehr Komfort, insbesondere die Privatsphäre eines Zweierzimmers (bei halbprivater Deckung) oder eines Einerzimmers (bei der Privatversicherung). Und sie wollen selber bestimmen, welcher Arzt oder welche Ärztin sie operieren soll. Diese beiden Vorteile bieten die klassischen Spital-Zusatzversicherungen halbprivat und privat.

Dazu kommen hier grosszügigere Besuchszeiten, frei wählbare Mahlzeiten sowie weitere Annehmlichkeiten. Zudem erlaubt die klassische Spital-Zusatzversicherung im Prinzip auch die freie Wahl des Spitals in der ganzen Schweiz.

Allerdings: Diese Spitaloption hat ihren Preis. Die Prämien sind sehr hoch und machen schnell mal mehrere hundert Franken pro Monat aus. Und im Alter werden die Prämien immer höher.

Viele Ältere müssen deshalb ihre stetig teurer gewordene Spital-Zusatzversicherung aus finanziellen Gründen kündigen – und das ist besonders bitter. Gerade im Alter ist die Wahrscheinlichkeit grösser, dass ein Spitalaufenthalt nötig wird.

Auch in der Spitalversicherung gibt es keine Aufnahmepflicht. Ein Wechsel kommt also praktisch nur für Junge und Gesunde in Frage.

Tipp: Wenn Sie eine bestehende Spital-Zusatzversicherung zu einer anderen Kasse zügeln möchten, dann kündigen Sie diesen Zusatz bei der jetzigen Kasse unbedingt erst dann, wenn Sie von der neuen Kasse eine schriftliche Bestätigung für die vorbehaltlose Aufnahme in der Hand haben.

Prämien sparen bei den Spital-Zusatzversicherungen

Auch bei den Spital-Zusatzversicherungen gibt es diverse Möglichkeiten, mit denen Sie Prämien sparen können.

■ **Zweitmeinung/Second Opinion:** Einige wenige Kassen gewähren einen Rabatt zwischen 3 und 5 Prozent, falls sich der Versicherte verpflichtet, bei einer Reihe von genau definierten Operationen vor dem Eingriff noch die Meinung eines zweiten Arztes einzuholen. Danach können die Patientinnen und Patienten immer noch selber entscheiden, ob sie die Operation durchführen lassen oder nicht. Die Liste der Operationen steht in den jeweiligen Reglementen.

- **Eingeschränkte Spitalwahl:** Etliche Krankenkassen führen für die Halbprivat- oder Privatspitalversicherung Varianten mit eingeschränkter Wahl der Spitäler. Wer sich nur noch in denjenigen Spitälern behandeln lässt, die auf der kasseneigenen Liste figurieren, erhält einen Prämienrabatt von bis zu 25 Prozent.

Doch Vorsicht: Wer sich einmal für die eingeschränkte Spitalwahl entschieden hat und später wieder zurückwill, muss mit Nachteilen rechnen. Denn der Wechsel zurück in die Variante mit allen Spitälern ist in der Regel mit einer Gesundheitsprüfung verbunden.

Es könnte also durchaus sein, dass die Kasse Sie ablehnt oder nur noch unter einem Gesundheitsvorbehalt akzeptiert.

Ein weiterer Haken an der Spitalwahleinschränkung: Die Krankenkassen behalten sich das Recht vor, die Liste regelmässig anzupassen, also auch Spitäler zu streichen; es kann sogar sein, dass dies während des Versicherungsjahres passiert.

Bei solchen Streichungen handelt es sich im Grunde genommen um eine Änderung der Vertragsbedingungen, die den versicherten Personen ein Kündigungsrecht gibt.

Die meisten Kassen räumen ihren Kundinnen und Kunden dieses Recht auch ein oder erlauben es der versicherten Person, wieder ins konventionelle Modell mit freier Spitalwahl zurückzukehren, allenfalls auch ohne Gesundheitsprüfung.

Deshalb der Tipp: Fragen Sie Ihre Krankenkasse, welche Rechte sie Ihnen einräumt, wenn die Spitallisten geändert beziehungsweise angepasst werden.

- **Freiwillige Franchise.** Eine weitere Sparmöglichkeit sind bei den meisten Kassen freiwillige Wahlfranchisen für die Halbprivat- oder Privatabteilung. Damit zahlen Sie die im Spital anfallenden Kosten bis zum vereinbarten Betrag selber.

Die möglichen Franchisen bewegen sich in der Regel zwischen 1000 und 10 000 Franken. Damit lassen sich Prämieneinsparungen von bis zu 70 Prozent erzielen.

Beachten Sie aber: Wenn Sie eine Wahlfranchise bei der Spital-Zusatzversicherung abschliessen, kann ein Spitalaufenthalt sehr teuer werden – denn Sie müssen schon die Franchise aus der Grundversicherung zahlen (falls Sie nicht vorher schon viele Arztrechnungen hatten).

Das Herabsetzen der Franchise kann schwierig werden

Beispiel: Mit einer Wahlfranchise von 2500 Franken aus der Grundversicherung und einer zusätzlichen freiwilligen Kostenbeteiligung von 3000 Franken beim Spitalzusatz müssen Sie – falls Sie beispielsweise schon Anfang Jahr ins Spital gehen – umgehend 5500 Franken selber zahlen (plus den 700-fränkigen Selbstbehalt der Grundversicherung).

Fortsetzung auf Seite 90

TIPP

Grund- und Zusatzversicherungen bei zwei Kassen? Das geht!

Es ist möglich und erlaubt, die obligatorische Krankenpflege-Versicherung bei der Kasse X, die Zusatzversicherung hingegen (zum Beispiel halbprivate Deckung im Spital) bei der Kasse Y zu versichern. Dieses «Splitten» betrifft alle, die ihre Grundversicherung regelmässig zur günstigsten Kasse wechseln, die Zusätze aber immer beim gleichen Versicherer behalten wollen oder müssen.

Viele stellen sich aber die Frage, ob es nicht zu kompliziert ist, die Grundversicherung und die Zusatzversicherungen bei unterschiedlichen Kassen zu haben; sie fürchten einen hohen administrativen Aufwand und sehen deshalb Abrechnungsprobleme auf sich zukommen.

Ängste sind meist unbegründet. So müssen Sie vorgehen:

1. Schicken Sie die Originalrechnung des Arztes zuerst jener Kasse, bei der Sie die Grundversicherung haben. Falls Sie von der Rechnung kein Doppel erhalten haben (zum Beispiel als «Beleg für den Patienten»), sollten Sie eine Fotokopie der Rechnung machen. Unter Umständen erhalten Sie auch zwei Originalrechnungen.

2. Weisen Sie Ihre Grundversicherung darauf hin, dass Sie noch Zusatzversicherungen bei einer anderen Krankenkasse haben.

3. Nachdem Sie den Vergütungsentscheid der Grundversicherung erhalten haben, schicken Sie diese Abrechnung der Grundversicherung mit dem Doppel oder der Fotokopie der Arztrechnung an die Krankenkasse, bei der Sie Ihre Zusatzversicherung(en) haben. Die Originalrechnung bleibt also in der Regel beim Grundversicherer, und der Zusatzversicherer muss sich mit der ersten Vergütungsabrechnung und einer Kopie begnügen.

■ **Spitäler** rechnen fast immer direkt mit den beteiligten Krankenkassen ab und sind verpflichtet, ihre erbrachten Leistungen nach Grund- und Zusatzversicherungen aufzusplitten. Bei Spitalaufenthalten entsteht somit mit getrennten Kassen kein administrativer Mehraufwand für die Patienten.

■ Beim Bezug von Medikamenten in der **Apotheke** legen Sie dem Apothekenpersonal einfach beide Versicherungsausweise vor.

Ein paar Details zum «Splitten». Das müssen Sie zum Thema noch wissen:

■ In Einzelfällen kann es sein, dass Sie gewisse Zusatzversicherungen bei einer bestimmten Kasse nur erhalten, wenn Sie dort auch die Grundversicherung haben. Aber: Wenn Sie so abschliessen und später die Grundversicherung dennoch «wegzügeln», darf Ihnen diese Krankenkasse die bestehenden Zusatzversicherungen nicht kündigen. Wegen eines Wechsels der Grundversicherung verliert also niemand seine Zusätze; das gilt auch für «kleine» Zusatzversicherungen für besondere Leistungen.

■ Wenn Sie die Grundversicherung vom bisherigen Versicherer wegzügeln, kann es sein, dass Sie Rabatte bei den (verbleibenden) Zusatzversicherungen ganz oder teilweise verlieren. Die Ersparnis durch den Wechsel der Grundversicherung ist aber meist höher. In Ausnahmefällen werden die Leistungen aus gewissen Zusatzversicherungen auch geschmälert, wenn man die Grundversicherung nicht dort hat.

■ In ganz wenigen Fällen kann es sein, dass eine Kasse fixe Administrativzuschläge auf Zusatzversicherungen verlangt, wenn der Kunde die Grundversicherung kündigt.

■ Beachten Sie den Kasten auf Seite 80. Dort sind die Kassen-Konglomerate aufgeführt, die unter dem eigenen Dach auch Billigkassen führen. Wer die Grundversicherung von der Mutter-Krankenkasse wegzügelt hin zu einer günstigeren Tochter, die Zusatzversicherung hingegen bei der «Mutter» belässt, hat bei Groupe Mutuel, Helsana und CSS keinerlei Splitting-Probleme zu befürchten.

Gesundheit II: Krankenversicherung

Fortsetzung von Seite 88

Das müssen Sie zum Thema Spitalfranchise auch beachten:

Falls Sie Ihre Franchise wieder herabsetzen oder sogar aufheben wollen, ist das in der Regel nur auf den Anfang des nächsten Jahres unter Einhaltung einer dreimonatigen Kündigungsfrist möglich.

Es kann sein, dass die Krankenkasse für das Herabsetzen oder Aufheben der Franchise eine Alterslimite setzt oder eine Mindestversicherungsdauer verlangt, zum Beispiel drei Jahre, bevor Herabsetzen oder Aufheben der Wahlfranchise wieder möglich ist.

Der Hintergrund dazu: Falls Sie Ihre Kostenbeteiligung herabsetzen oder aufheben, so ist dies im Prinzip eine Höherversicherung, und die meisten Krankenkassen verlangen einen formellen Antrag mit Fragen zur Gesundheit. Das hat zur Folge, dass die Krankenkassen die Reduktion beziehungsweise Annullierung der freiwilligen Kostenbeteiligung sogar ablehnen können, falls sich Ihr Gesundheitszustand in der Zwischenzeit verschlechtert hat.

Tipp: Sie können die freiwillige Franchise in der Spital-Zusatzversicherung ganz oder zumindest teilweise umgehen, indem Sie sich freiwillig in der allgemeinen Abteilung behandeln lassen statt in der Kategorie, in der Sie sonst versichert sind.

Alternative Modelle für die Spital-Zusatzversicherung

Viele Kassen bieten innovative Spezialmodelle an, die bedeutend günstiger sind als die klassischen Halbprivat- und Privatversicherungen. Allerdings kann es sein, dass diese nicht in allen Kantonen erhältlich sind.

■ **Flexible Spitalabteilungswahl.** Dieses Angebot ist für Kundinnen und Kunden gedacht, die sich nicht schon beim Abschluss der Versicherung für die allgemeine, halbprivate oder private Abteilung entscheiden möchten, sondern erst kurz vor dem Spitaleintritt.

Je nach Wahl der Abteilung müssen dann diese Patientinnen und Patienten einen im Voraus definierten Anteil an den Kosten übernehmen – oder gar nichts, falls sie freiwillig in die allgemeine Abteilung gehen.

Diese zu übernehmende Kostenbeteiligung ist bei den Krankenkassen, die dieses Flex-Modell

---

TIPP

Richtig kündigen: Der wichtigste Punkt

Wenn Sie bei einer Gesellschaft mehrere Versicherungen haben und nicht alle kündigen wollen, müssen Sie darauf achten, dass Sie dies genau formulieren. Wenn Sie nur die Grundversicherung wechseln wollen, aber die «Krankenkasse» oder die «Mitgliedschaft» kündigen, verlieren Sie auch die Zusatzversicherungen, und im dümmsten Fall kommen Sie wegen Ihres Alters oder Gesundheitszustands überhaupt nicht mehr in eine neue Zusatzversicherung oder nur zu wesentlich schlechteren Konditionen. Falls Sie nur einige, aber nicht alle Zusatzversicherungen kündigen wollen, müssen Sie eine genaue Aufzählung machen, damit keine Missverständnisse entstehen.

führen, unterschiedlich: Wer halbprivat liegt, zahlt 3000 bis 5000 Franken drauf, im Privatzimmer sind es 4000 bis 6000 Franken.

Einige Krankenkassen haben inzwischen sogar zwei verschiedene Flex-Modelle mit unterschiedlichen Selbstbehalten im Angebot.

Beachten Sie auch, dass dieses Sparmodell mit einer Beschränkung der wählbaren Spitäler verbunden sein kann.

Wichtig auch: Wenn Sie aus Spargründen von der teuren, herkömmlichen Privatspital-Versicherung in ein günstigeres Flex-Modell wechseln möchten, so ist das in der Regel möglich. Falls Sie aber aus einer Halbprivatspital-Versicherung ins Flex-Modell wollen, scheitern Sie eventuell an der Alterslimite oder am Gesundheitsfragebogen, falls Sie nicht mehr in Topform sind.

TIPP

Denken Sie bei der Pensionierung an den Versicherungsschutz bei Unfall

Unfallschutz in der Grundversicherung. Wer mindestens acht Stunden pro Woche bei *einem* Arbeitgeber arbeitet, ist am Arbeitsplatz automatisch gegen Berufs- und Freizeitunfälle versichert. In ihrer aktiven Zeit können Angestellte also die Unfalldeckung bei der Krankenkasse streichen und so fünf bis sieben Prozent der Grundversicherungsprämie sparen.

Wenn Sie pensioniert werden, erlischt der Versicherungsschutz bei Unfall. Sie müssen sich nun deshalb bei der Krankenkasse melden. Die Kasse wird dann die Unfalldeckung in der Grundversicherung wieder einschliessen und Ihnen ab dem Folgemonat die höhere Prämie in Rechnung stellen.

Bei einem Unfall kommt dann Ihre Grundversicherung für die Kosten der allgemeinen Spitalabteilung auf. Das ist die günstigste und einfachste Variante.

In der Grundversicherung muss Ihnen die Kasse den Unfallschutz ohne Wenn und Aber (wieder) gewähren; dabei darf sie auch keine Gesundheitsvorbehalte anbringen.

Unfallschutz in der Zusatzversicherung. Angestellte können in den Spital-Zusatzversicherungen den Unfall ausschliessen. Daraus resultiert eine Prämienersparnis zwischen 5 und 10 Prozent – je nach Krankenkasse.

Dieser Unfallausschluss ist dann interessant, wenn Sie über den Arbeitgeber gegen Unfall besser (also zum Beispiel privat) als zum gesetzlichen Minimum versichert sind. Im Normalfall zahlt nämlich die obligatorische Unfallversicherung nur die allgemeine Abteilung.

Tipp: Fragen Sie Ihren Personalchef nach den Details Ihrer Unfallversicherungsdeckung.

Falls Sie den Unfall ausschliessen, müssen Sie aber aufpassen: Wenn Sie Ihre grosszügig dotierte Arbeitsstelle verlassen oder pensioniert werden und den Unfall im Spitalzusatz Ihrer Krankenkasse wieder einschliessen wollen, dürfen die Kassen hier eine Gesundheitsdeklaration verlangen, einen Vorbehalt anbringen oder Sie gar ablehnen.

Wer also in der Zwischenzeit einen Unfall erlitt oder krank wurde, hat Pech gehabt, weil eine Ablehnung droht.

Einige Krankenkassen setzen für den Wiedereinschluss des Unfallrisikos sogar Alterslimiten, teils schon bei 50 Jahren, spätestens aber bei Erreichen des AHV-Alters.

So gesehen ist es oft besser, die Unfalldeckung *nie* aus einer Zusatzversicherung rauszunehmen.

6

Gesundheit II: Krankenversicherung

- **Die Hotelversicherung.** Wer eine klassische Spital-Zusatzversicherung wählt, tut dies wegen des Zimmerkomforts oder wegen der freien Arztwahl – erhält aber beides.

Und wer sich den Luxus des Spitalzusatzes nicht mehr leisten kann und ihn kündigt, verliert auch beides. Viele Versicherte stört das: Sie wünschen sich zwar die Annehmlichkeiten eines Einer- oder Zweierzimmers, würden aber gerne auf den teuren Chefarzt verzichten – oder umgekehrt. Deshalb haben einige Krankenkassen

---

TIPP

Die Pflegeversicherungen: Ein problematisches Produkt

Wer im Alter Pflege braucht und in einem Pflegeheim wohnt, riskiert zu verarmen. Selbst ein grosses Vermögen kann relativ schnell aufgebraucht sein. Denn aus der Grundversicherung sind nur die rein medizinischen Behandlungskosten bezahlt, Unterkunft und Verpflegung hingegen nicht.

Wer kein Vermögen hat, ist oft auf die Hilflosenentschädigung oder auf Ergänzungsleistungen der AHV angewiesen. Unter Umständen muss sogar das Sozialamt einspringen; das kann dann sogar die Kinder zur Kasse bitten (siehe Kasten auf Seite 60).

Einige wenige Krankenkassen und auch ein paar andere Versicherer haben deshalb Langzeitpflege-Versicherungen im Angebot – übrigens mit langen Wartezeiten. Diese Policen sind allerdings verhältnismässig teuer. Und sie sind eher mit Skepsis zu betrachten. Denn im Notfall springt für die Betroffenen wie vorher erwähnt die AHV oder gar die Sozialhilfe der Gemeinde ein.

Die Problematik lässt sich am Produkt «Cura» der Helsana illustrieren. Einer der Nachteile hier: Das versicherte Taggeld wird erst nach einer Wartefrist von 720 Tagen ausbezahlt – danach allerdings zeitlich unlimitiert.

Pflegebedürftige erhalten also erst nach zwei Jahren einen Zustupf an jene Pflegekosten, die nicht von der obligatorischen Grundversicherung übernommen werden. Doch viele ältere Menschen werden durch eine schwere Krankheit zum Pflegefall und sterben noch vor Ablauf dieser Zweijahresfrist.

Was aber, wenn Versicherte eine sinnvollere Wartezeit von 360 Tagen oder weniger beantragen? Dann ist eine Gesundheitsprüfung fällig, die 65-Jährige in der Regel nicht bestehen.

Immerhin zahlt Cura das Taggeld – im Gegensatz zu anderen Pflegeversicherungen – nicht erst dann, wenn der Versicherte in ein Pflegeheim muss, sondern schon, wenn er noch zu Hause gepflegt werden kann. Allerdings ist eine klare Pflegebedürftigkeit nötig, bei der man gemäss den Bedingungen «mehrmals wöchentlich die Hilfe Dritter» in Anspruch nimmt. Leichte Fälle sind also nicht gedeckt.

Von dieser Versicherung profitieren also höchstens Personen, die sehr lange pflegebedürftig sind. Und sie lohnt sich für Gutsituierte, die im Sinne ihrer Erben verhindern wollen, dass ihr ganzes Vermögen durch die Pflegekosten aufgezehrt wird.

Mittellosen greift nämlich der Staat mit Ergänzungsleistungen zur AHV- beziehungsweise IV-Rente und gegebenenfalls auch mit Sozialhilfebeiträgen finanziell unter die Arme.

Von den Pflegetaggeld-Leistungen profitiert in solchen Fällen nur der Staat: Sie schmälern den Anspruch auf staatliche Unterstützungsbeiträge.

Achtung: Die Cura-Langzeitpflege-Versicherung wird vielen Kundinnen und Kunden der Helsana ungefragt und automatisch zugeteilt. Falls Sie das nicht merken und monatelang zahlen, gilt die Versicherung als akzeptiert.

spezielle Deckungen unter dem Motto «Das Privatzimmer für allgemein Versicherte» im Angebot. Wer sich so versichert, wird medizinisch als Allgemein-Patient betreut, verzichtet also auf die freie Arztwahl, erhält aber den üblichen Komfort eines (wahlweise) Zwei- oder Einbettzimmers.

Wer sich für eine Hotelversicherung entscheidet, spart im Vergleich zu den klassischen Spital-Zusatzversicherungen bis zu 70 Prozent der Prämie, weil bei dieser Variante keine hohen Chef- oder Belegarzthonorare mitfinanziert werden müssen.

Übrigens: Einige wenige Krankenkassen haben auch das Gegenstück zur Hotelzimmerversicherung im Angebot, nämlich die Variante «Privatarzt». Wer so versichert ist, liegt im Mehrbettzimmer auf der allgemeinen Abteilung, hat aber Anspruch auf Behandlung durch den Privatarzt.

Beachten Sie aber: Auch beim Wechsel von der Privat- oder Halbprivatversicherung in eine andere «alternative» Variante müssen Sie in vielen Fällen eine Gesundheitsprüfung oder Alterslimiten akzeptieren – was möglicherweise eine Ablehnung zur Folge hat.

Arzt- und Spitalkosten im Ausland: So sorgen Sie vor

Nach der Pensionierung etwas von der Welt sehen: Diesen Wunsch erfüllen sich viele.

Vor der Abreise sollte man aber nicht nur Prospekte und Reiseführer studieren, sondern auch an die

> **TIPP**
>
> ### Versicherungskarte im Gepäck
>
> Nehmen Sie auf Reisen in Europa immer Ihre «Europäische Krankenversicherungskarte» mit, die jede versicherte Person bei ihrer Krankenkasse erhält. Diese Karte im Kreditkartenformat hat den Vorteil, dass Sie eine Arztbehandlung im EU-Raum meist nicht mehr sofort bar bezahlen müssen (mit Ausnahme eines Selbstbehaltes, der sich nach den Regeln des jeweiligen Ferienlandes richtet); die finanzielle Abwicklung läuft dann direkt über Ihre Krankenkasse.

Versicherungen denken. So ist zu klären, ob Arzt- und Spital- beziehungsweise Heilungskosten vollständig gedeckt sind, falls Sie im aussereuropäischen Ausland krank werden oder verunfallen.

Und: Kommt die Versicherung auch für die Rückführung in die Schweiz auf, falls dies notwendig sein sollte?

Wer im Ausland ärztliche Hilfe braucht, erhält von der obligatorischen Grundversicherung der Krankenkasse oder von der Unfallversicherung das Doppelte von dem vergütet, was die Behandlung beim Arzt oder auf der allgemeinen Abteilung im Spital im Wohnkanton gekostet hätte. Die Krankenkasse zieht noch Franchise und Selbstbehalt ab. In Europa genügt diese Deckung in der Regel.

Auf Reisen in entfernte Destinationen wie Nordamerika, Karibik, Vereinigte Arabische Emirate,

6 Gesundheit II: Krankenversicherung

Afrika, Australien oder Japan riskieren Sie jedoch, dass Sie einen grossen Teil der Behandlungskosten selber berappen müssen, wenn Sie nur die Deckung der obligatorischen Grundversicherung Ihrer Krankenkasse haben.

Auch die Transportkosten der Grundversicherung der Krankenkassen sind im Ausland knapp bemessen, und an Rettungskosten zahlt die Grundversicherung im Ausland gar nichts.

Gerade USA-Reisende erleben immer wieder böse Überraschungen, wenn horrende Rechnungen kommen und die Grundversicherung der Krankenkasse nur einen Bruchteil zahlt.

Das gilt auch für gewisse Drittweltländer, und es kann sogar in Athen oder auf Mallorca passie-

INFO

Eine Patientenverfügung hält Ihren Willen fest

Mediziner können ein Leben heute sehr weit hinaus verlängern. Doch was ist sinnvoll, und wer entscheidet? Mit einer Patientenverfügung kann man vorher festlegen, was im Ernstfall geschehen soll, wenn sich ein Patient wegen Krankheit oder Bewusstlosigkeit nicht mehr selber ausdrücken kann.

In der Regel verzichtet man mit einer Patientenverfügung auf lebensverlängernde Massnahmen und wünscht im Gegenteil nur Linderung der Symptome.

Damit Missverständnisse ausgeschlossen werden können, sollte die Patientenverfügung möglichst präzise verfasst werden – und solange die betroffene Person voll urteilsfähig ist. Eine allgemein gehaltene Formulierung wie: «Ich möchte in Würde sterben», wenn ein «erträgliches Leben nicht mehr möglich erscheint», ist zu schwammig. Diese Aussage gäbe in konkreten Situationen den Ärzten keine Orientierungshilfe.

Vielmehr sollte festgelegt werden, unter welchen konkreten Bedingungen eine Behandlung nicht begonnen oder nicht fortgesetzt werden darf.

■ Am einfachsten halten Sie sich an eine vorgefertigte Patientenverfügung.

■ Besprechen Sie die Verfügung mit Ihrem Hausarzt und/oder Ihren Angehörigen, bevor Sie sich festlegen.

■ Patientenverfügungen sollten regelmässig aktualisiert werden, um Unklarheiten zu verhindern. Überprüfen Sie mindestens alle zwei Jahre, ob die Verfügung noch Ihrem Willen entspricht.

■ Benennen Sie in der Patientenverfügung eine Vertrauensperson. Diese erhält vom Arzt Auskünfte über den Gesundheitszustand. Damit hat sie auch ein wesentliches Mitspracherecht bei der Behandlung.

■ Hinterlegen Sie eine Kopie Ihrer Patientenverfügung bei der von Ihnen genannten Vertrauensperson oder bei Ihrem Hausarzt.

Eine vorgedruckte Patientenverfügung ist Bestandteil des Merkblattes «Anordnungen für den Todesfall». Sie können dieses Merkblatt im Internet gratis herunterladen unter www.ktipp.ch oder für 5 Franken bestellen bei: K-Tipp, Postfach 431, 8024 Zürich oder über Tel. 044 266 17 17 oder via E-Mail redaktion@ktipp.ch.

Das Merkblatt enthält auch eine Vorlage, mit der man sich zur Organspende äussern kann. Viele weitere Infos zu den Themen Patientenverfügung, Sterbehilfe, Organspende usw. finden Sie im Saldo-Ratgeber «Die Rechte der Patienten». Sie können das 195-seitige Buch über Telefon 044 253 90 70 bestellen oder im Internet auf www.saldo.ch.

ren, falls Sie dort in einer Privatklinik landen.

Für viele Länder ist also eine Zusatzdeckung für Arzt- und Spitalkosten unabdingbar. Um eine solche Zusatzdeckung abzuschliessen, gibt es drei Möglichkeiten:

■ **Zusatzversicherung der Krankenkasse:** Viele Krankenkassen-Versicherte haben ganzjährig eine «kleine» Zusatzversicherung mit einer ganzen Palette von zusätzlichen Deckungen inklusive Auslandschutz. Überdurchschnittliche Leistungen bieten hier Assura, CSS-Gruppe, Helsana-Gruppe, KPT, Swica und Visana-Gruppe.

Falls Sie bei einer dieser Kassen sind und die entsprechende Zusatzversicherung ganzjährig abgeschlossen haben, sind Sie weltweit für unbegrenzte Arzt- und Spitalkosten versichert. Allerdings dürfen die Ferien – je nach Anbieter – nicht länger als sechs bis acht Wochen dauern.

Sie können sich also im Ausland in den meisten Kliniken behandeln lassen, ohne böse Überraschungen fürchten zu müssen. Setzen Sie sich aber im Ernstfall sofort mit der Krankenkasse in Verbindung, vielleicht wird man Sie von einer Luxusklinik in eine «normale» Klinik verlegen lassen.

Bei diesen kleinen Zusatzversicherungen der Krankenkassen sind auch die Kosten für die medizinisch notwendige Rückführung in die Schweiz gedeckt – und zwar bei den meisten unbegrenzt.

Sollten Sie bei einer anderen Krankenkasse einen ähnlich ausgestalteten Zusatzbaustein haben, müssen Sie unbedingt in den allgemeinen Versicherungsbedingungen nachschauen, ob ein Auslandschutz überhaupt inbegriffen ist und ob – falls ja – die Leistungen begrenzt sind.

Das gilt auch, wenn Sie bei Ihrer Krankenkasse privatspitalversichert sind: Auch in diesen Policen sind manchmal Auslandleistungen mitversichert.

■ **Zeitlich begrenzte Ferienversicherung:** Wer keine gut ausgebaute ganzjährige Zusatzversicherung der Krankenkasse hat, kann eine zeitlich beschränkte Ferien-Heilungskosten-Versicherung abschliessen, die nur für die Dauer der Ferien gilt. Für 14 Tage kostet das pro Person zwischen 20 und 30 Franken. Sich so zu versichern, ist günstiger als mit einer ganzjährigen Zusatzversicherung bei der Krankenkasse.

Der Abschluss ist simpel: Einzahlen – und schon ist die Deckung abgeschlossen, auch wenn Sie sonst bei dieser Kasse nichts versichert haben. Die Postquittung gilt bereits als Versicherungsausweis.

Bei den entsprechenden Angeboten von Atupri, Concordia, CSS, KPT, Visana und Wincare ist gewährleistet, dass Arzt- und Spitalkosten sowie eine medizinisch notwendige Rückführung in die Heimat unbegrenzt versichert sind. Sollten Sie eine ähnliche Feriendeckung bei einer anderen

Fortsetzung auf Seite 97

CHECKLISTE

Achtung Fallen: Allgemeine Versicherungstipps für Pensionierte

Auch Seniorinnen und Senioren brauchen Versicherungen. Hier finden Sie dazu ein paar wichtige Tipps sowie Hinweise auf Angebote, die Sie besser meiden:

- **Privathaftpflicht-Versicherung.** Sie ist ein absolutes Muss. So müssen Sie nicht Ihr ganzes Vermögen hergeben, falls Sie jemandem einen Schaden zufügen.
- **Hausratversicherung.** Falls Sie im Alter Ihren Lebensstil zurückfahren (müssen), lohnt es sich, die Versicherungssumme (Neuwert des Hausrats) zu überprüfen und allenfalls nach unten anzupassen. Sonst zahlen Sie zu viel Prämie für nichts.
- **Seniorenrabatte.** Bei gewissen Versicherungen (etwa in der Hausratversicherung) gibt es Seniorenrabatt, zum Beispiel ab 60 Jahren – aber nur, wenn Sie ihn beantragen. Erkundigen Sie sich. Bei der Autoversicherung hingegen müssen Sie damit rechnen, dass ältere Autofahrer höhere Tarife zahlen müssen.
- **Rechtsschutz.** Auch im Pensionierungsalter kann es teuer werden, zu seinem Recht zu kommen. Hier hilft die Rechtsschutzversicherung; sie ist empfehlenswert.
- **Reiseversicherung.** Ab zwei Auslandreisen lohnt sich meist eine Jahres-Reiseversicherung (für Ehepaare ab rund 130 Franken). Dann sind insbesondere Reiseannullierungen wegen Krankheit sowie Reisezwischenfälle (Reiseabbruch zum Beispiel wegen Krankheit) versichert.
- **Konkubinat.** Die meisten Versicherungen behandeln das Konkubinat wie die Ehe; das ermöglicht den Abschluss von Familienpolicen, und das ist oft günstiger als zwei Einzelpolicen. Erkundigen Sie sich.
- **Mini-Taggelder.** Viele Pensionierte haben bei ihrer Krankenkasse noch ein Mini-Krankentaggeld von zwei bis fünf Franken versichert. Sie zahlen damit hohe Prämien für eine Leistung, die – nicht nur im Alter – sinnlos ist. Denn ein solches Kleinst-Taggeld kann einen effektiven Lohnausfall oder sonstige Kosten niemals decken. Der Tipp kann nur lauten: Sofort kündigen!
- **Angebote von Generali.** Die Generali verkauft «Senioren-Anlagepläne», die zwar gemäss ihrem Namen wie reine Geldanlagen klingen, in Wirklichkeit aber Lebensversicherungen sind, die im Todesfall ein Kapital auszahlen. Für diesen Versicherungsteil gehen hohe Kosten weg – auch weil keine Gesundheitsprüfung stattfindet. Dies schmälert aber die Rendite empfindlich, denn der Versicherungsschutz verschlingt 20 Prozent der Prämie.

Die Generali-Produkte ohne Gesundheitsprüfung (aktuell mit den Namen «Fokus90» oder «Privileg») sind also nur für Leute geeignet, die relativ sicher sind, dass sie in drei, vier oder fünf Jahren sterben und etwas für die Hinterbliebenen tun wollen.

- **Angebote von AIG Europe.** Die AIG ruft wahllos Leute an und verkauft ihnen Bagatellversicherungen, die in der Regel überflüssig sind – zum Beispiel Unfallkapital-Versicherung oder Spitaltaggeld.
- **Geldanlage-Fallen.** Viele angehende Pensionäre erhalten hohe Summen aus Lebensversicherungen bar ausbezahlt. Die Agenten der jeweiligen Versicherung wissen das ganz genau und sind daher schnell mit Angeboten zur Hand.

Seien Sie skeptisch, wenn Ihnen Mitarbeiter einer Versicherung Geldanlagen vorschlagen. In der Regel ist es sehr teuer, den Sparbatzen einer Versicherung anzuvertrauen.

Passen Sie aber auch generell bei Angeboten für Geldanlagen auf. Achten Sie insbesondere darauf, dass Sie nicht auf unseriöse Offerten von unbekannten Firmen hereinfallen, die mit sehr hohen Renditen locken.

- **Versicherungsratgeber.** Lesen Sie den K-Tipp-Ratgeber «So sind Sie richtig versichert». Sie können das 304-seitige Buch über Telefon 044 253 90 70 bestellen oder im Internet auf www.ktipp.ch.

Fortsetzung von Seite 95

Kasse abschliessen, müssen Sie darauf achten, ob die Versicherungssumme beschränkt ist und ob auch die Rückführung in die Schweiz versichert ist.

■ **Jahres-Reiseversicherung:** Die dritte Möglichkeit, um nicht gedeckte Arzt- und Spitalkosten im Ausland zu versichern: Sie schliessen eine Jahres-Reiseversicherung ab, in der diese Deckung inbegriffen ist.

Mit den Jahres-Reiseversicherungen haben Sie primär das Risiko der Reiseabsage versichert (Annullationskosten-Versicherung), und Sie erhalten eine finanzielle Entschädigung, wenn Sie die Reise beispielsweise wegen Unruhen oder Epidemien abbrechen müssen (Assistance).

Aber eben: Bei einigen wenigen Produkten ist auch umfassender Heilungsschutz inbegriffen – etwa beim Standardprodukt der CSS sowie bei der erweiterten Elvia-Variante mit der Bezeichnung «Secure trip plus».

Eine günstige Variante dazu hat der TCS: Er bietet im Rahmen seines Schutzbriefes für 45 Franken pro Jahr eine ganzjährige Zusatzdeckung mit unbegrenzten Heilungskosten an. Im Vergleich zu den Tarifen für entsprechende Produkte bei den Krankenkassen ist dieses Angebot unschlagbar.

Dieser TCS-Zusatzbaustein empfiehlt sich für Reisende, die bei ihrer Krankenkasse lediglich die obligatorische Grundversicherung haben und dort auf freiwillige Zusatzversicherungen jeglicher Art verzichten.

Beachten Sie aber: Diese TCS-Deckung gilt nur im aussereuropäischen Raum.

Wer sich beim TCS die Heilungskosten nur für Europareisen versichern will, erhält diesen separaten Baustein für 32 Franken (alle Zahlen Stand 2009).

Tipp: Lassen Sie sich nicht von den versprochenen Kostenvorschüssen für Arzt- und Spitalkosten blenden, die in den meisten Paketen der Jahres-Reiseversicherungen inbegriffen sind: Diese Geldbeträge (meist sind es 5000 Franken) müssen Sie der Versicherung anschliessend zurückzahlen; es sind also keine «richtigen» Leistungen, sondern nur kurzfristige Darlehen.

Alles Wichtige zur Krankenkasse und zu den übrigen Versicherungen steht im K-Tipp-Ratgeber «So sind Sie richtig versichert». Sie können das 304-seitige Buch über Telefon 044 253 90 70 bestellen oder im Internet auf www.ktipp.ch.

6 Gesundheit II: Krankenversicherung

7 Die 4. Säule
Denken Sie auch an Ihr soziales Netz

Die Pensionierung finanziell zu planen und abzusichern, ist das eine. Ebenso wichtig ist, sich psychologisch und sozial auf diesen letzten Lebensabschnitt vorzubereiten.

Die finanzielle Altersvorsorge in der Schweiz steht auf drei Säulen und ist dadurch recht solide (siehe Kapitel 2). Angesichts der grossen Veränderung, die das Pensionierungsalter in letzter Zeit erfahren hat, ist in jüngster Zeit ein neuer Begriff für ein anderes Element der Altersvorsorge geprägt worden: der der 4. Säule.

Er wird allerdings unterschiedlich verwendet. So gibt es ihn als Bezeichnung für die Teilzeitarbeit über die Pensionierung hinaus und damit für die zusätzliche materielle Absicherung. In der Regel aber ist damit ein möglichst gutes soziales Netz von Beziehungen gemeint, das, je älter man ist, desto wichtiger wird.

Die neuere Forschung auf diesem Gebiet hat ergeben, dass dieses Thema bisher unterschätzt wird – so wie allgemein die nichtfinanziellen Aspekte der letzten Lebensphase bisher eher vernachlässigt wurden und werden.

Der Fachbereich für Soziale Arbeit der Berner Fachhochschule ist eine Institution, die sich stark in dieser Forschung engagiert. Deren Professor Urs Kalbermatten vom Kompetenzzentrum für Gerontologie hat in Umfragen festgestellt, dass sich die meisten Leute überhaupt nicht richtig auf die Pensionierung vorbereiten.

Betrachtet man die Pensionierung als Lebensphase von rund 20 Jahren mit eigenen Inhalten und einer neuen Lebensform, sollte man für sie einen Vorlauf beziehungsweise eine Vorbereitungszeit von ebenfalls einigen Jahren einrechnen – auf jeden Fall ist es problematisch, sich erst ein halbes Jahr vor der Pensionierung darüber ernsthafte Gedanken zu machen.

Nehmen Sie Abschied von der Arbeit und den Kollegen

Es gibt Beziehungen, welche das ganze Leben über bestehen bleiben, von der Kindheit bis ins hohe Alter. Für die meisten Menschen allerdings sind während der aktiven Zeit diejenigen Kontakte besonders wichtig und solide, die über die Arbeit entstehen: Mitarbeiterinnen und Mitarbeiter, Kollegen, Kunden, aber auch Vorgesetzte können zu Freundinnen und Freunden werden und dies auch über lange Zeit bleiben.

Mit dem Ausscheiden aus dem Beruf sind diese Beziehungen aber gefährdet, da man nicht mehr automatisch und täglich mit diesen Leuten in Kontakt steht. Umso wichtiger ist also, dass man sich für diese Lebensphase ein Netz knüpft, das anders verankert ist.

Deshalb sollte man sich im Hinblick auf den Abschied aus dem Beruf fragen, welche der Kontakte aus diesem Umfeld stammen und ob es eine Möglichkeit gibt, diese auch weiterhin aufrechtzuerhalten. Allerdings muss man sich ebenfalls – so ehrlich wie möglich – die Frage stellen, ob die Beziehung auch dann noch trägt, wenn die Gemeinsamkeiten der Arbeit oder die Identifikation mit der Firma wegfallen.

Anders gesagt: Ist der gute Kollege, mit dem Sie die letzten zehn Jahre Tag für Tag intensiv zusammengearbeitet haben und gut ausgekommen sind, mehr als eben nur ein Kollege, also ein echter Freund, mit dem Sie auch gern mal über andere Themen reden als nur über die Arbeit, vielleicht sogar über Ihre persönlichen Probleme?

Dabei muss man sich bewusst sein, dass sich die Situation völlig ändert, wenn der eine aus dem Berufsleben und der Firma ausscheidet, der andere aber dort bleibt und weiterarbeitet.

Der «Bleibende» bekommt die Veränderungen im Unternehmen laufend mit, bekommt vielleicht einen neuen Arbeitskollegen zugeteilt, der den Pensionierten ersetzt, hat einen anderen Aufgabenbereich als früher – der Pensionierte hingegen bleibt stehen, was die Firma betrifft; bleibt auf dem letzten Stand, den er vor seinem Austritt hatte.

Dafür entwickelt er andere Interessen, widmet sich vielleicht intensiv einem Hobby, hat eine andere Zeiteinteilung, andere Prioritäten.

Man mag dies vor dem Erreichen des Pensionsalters sogar ein wenig bedauern, aber eine gewisse Entfremdung vom Berufsleben,

IN DIESEM KAPITEL	
98	Abschied von der Arbeit und den Kollegen
99	Das soziale Netz neu knüpfen
100	Pensionierung: Gefahr für die Partnerschaft
100	Den Ruhestand als Paar gestalten
101	Tipps: So erneuern Sie das soziale Netz
102	Immer mehr Scheidungen unter Pensionären
102	Teilen Sie die Aufgaben neu auf
103	Die wichtigste Bezugsperson sind Sie selbst
104	Der materielle Aspekt der 4. Säule

die sich einstellt, wenn man älter wird, ist gut und nötig, weil man sonst ewig – quasi im Geiste – weiterarbeiten würde.

Überprüfen Sie Ihr soziales Netz, knüpfen Sie es neu

Der Mensch ist ein soziales Wesen. Dies zeigt sich besonders dann, wenn der tägliche vorgegebene Stundenplan der Arbeit wegfällt und man viel Zeit hat für sich selber. Dann erweist sich, wie gut Beziehungen und Freundschaften wirklich sind.

Bei der Pensionierung geht es um Inhalte, um Identifikation, um Identitätsfindung und Lebensgestaltung: Genau so, wie man jetzt seinen Wohnort nach ganz anderen Kriterien aussuchen kann als während des Berufslebens, kann man auch seine Freundschaften auswählen und gestalten.

Eine wichtige persönliche Aufgabe, die man sich selber stellt, kann deshalb sein: Beziehungen überprüfen, die einen bewusst loslassen, die anderen und wichtigen pflegen und vertiefen.

Sinnvollerweise richtet man sein Kontaktnetz für diese Zeit nach den neuen Interessen und Tätigkeiten aus, zum Beispiel nach Hobbys.

Achtung Gefahr – für Ehe oder Partnerschaft

Wir haben in diesem Buch bereits darauf hingewiesen, dass sich eine Ehe oder Partnerschaft bereits mit der Pensionierung eines der beiden Partner verändert (siehe Kapitel 1). Das heisst, beide Partner müssen – auch wenn erst nur einer von beiden die Arbeit aufgibt – neue Beziehungs- und Freizeitmuster aufbauen.

Die Ehe oder die Partnerschaft ist zweifellos der absolut zentrale soziale Kontakt, den Menschen haben und pflegen können. Doch gerade im Alter erfordert sie besondere Aufmerksamkeit, da Pensionierte anders als früher jetzt viel mehr Zeit miteinander verbringen, und so lauern hier besonders viele Fallen.

Auch wenn Liebesromane und romantische Filme uns dies vorgaukeln – es ist eine Illusion zu glauben, dass man alles in einem einzigen Partner findet. Und die Gefahr, dass man dies sucht, ist nach der Pensionierung besonders gross, wenn man auf einmal viel mehr Zeit miteinander verbringt als früher.

Dies zeigt sich schon an der Tatsache, dass Streitereien zwischen Paaren regelmässig während der Festtage zum Jahreswechsel und während der Ferien zunehmen, wenn man ausnahmsweise mal zehn Tage oder länger ganz eng aufeinander sitzt.

Damit soll keineswegs etwas gegen die Ehe oder Partnerschaft gesagt werden – sondern nur davor gewarnt sein, zu viele Erwartungen in sie zu setzen.

Ein Beispiel: Ein Mann wird pensioniert und beschliesst, jetzt intensiv Golf zu spielen. Er möchte gern, dass seine Frau ihn dabei begleitet und seinen Enthusiasmus für diesen Sport teilt, sie aber

---

CHECKLISTE

Den Ruhestand als Paar gestalten

Schon vor der Pensionierung sollten Sie sich zusammen mit Ihrem Partner Gedanken machen, wie Sie den gemeinsamen Alltag künftig gestalten wollen. Zahlreiche Probleme, Unstimmigkeiten und Enttäuschungen können bereits im Vorfeld ausgeräumt werden, wenn Sie als Paar rechtzeitig bestimmte Fragen klären.

- **Wünsche:** Welche Erwartungen und Pläne hat jeder für sich an die Zeit im Ruhestand? Wie sind diese Vorstellungen mit jenen des Partners beziehungsweise der Partnerin zu vereinbaren?
- **Zeitgestaltung:** Wie viel Zeit verbringt jeder für sich, was unternimmt man miteinander? Widmet man sich einem gemeinsamen Hobby? Arbeitet ein Partner weiterhin?
- **Rollenverteilung:** Klären Sie, wie Sie Ihre Aufgaben und Rollen im Haushalt künftig aufteilen. Wer kauft ein? Wer kocht? Wer putzt? Erwartet die Frau verstärkte Mithilfe im Haushalt oder empfindet sie dies eher als Einmischung?
- **Budget:** Wie viel Geld steht nach der Pensionierung zur Verfügung (siehe Seite 41)? Wie wollen Sie es aufteilen und wofür ausgeben?
- **Selbständigkeit:** Seien Sie sich bewusst, dass Ihr Partner pflegebedürftig werden oder vor Ihnen sterben kann. Beide sollten deshalb alltägliche Aufgaben notfalls alleine bewältigen können.

> **TIPP**
>
> ### So planen und knüpfen Sie Ihr neues soziales Netz
>
> Werden Sie sich klar, warum Sie welche Kontakte suchen und brauchen:
>
> - Wollen Sie einfach möglichst viele Kontakte, um nicht allein zu sein? Das ist legitim, aber Qualität ist letzten Endes doch wichtiger als Quantität.
> - Was möchten Sie mit diesen Leuten teilen? Welche Aktivitäten möchten Sie gemeinsam unternehmen?
> - Wie eng sollen diese Beziehungen sein? Beziehungen sind unterschiedlich gestaltet, es gibt Leute, in deren Nähe man sich sehr oft und auch lang aufhält – etwa der Lebenspartner, die Lebenspartnerin –, und es gibt andere, die man lieber nur gelegentlich sieht, wie beispielsweise jemand, mit dem man ein Hobby gemeinsam hat. Alle diese verschiedenen Formen und Distanzen sind richtig und wichtig.
>
> Sinnvoll ist auch, sich zuerst einmal Gedanken zu machen über die Beziehungen, die man bereits heute hat; dies verschafft Klarheit darüber, wie gut man mit sozialen Kontakten «versorgt» ist und was einem noch fehlt:
>
> - Wer steht mir am nächsten, wer ist mir ab liebsten, wer am wichtigsten?
> - Wem vertraue ich am meisten, mit wem kann ich über meine Probleme reden? Wen bitte ich um Hilfe bei emotionalen Problemen?
> - Wen bitte ich um Unterstützung bei Alltagsproblemen?
> - Wen kenne ich am längsten und habe mit ihm oder ihr bereits viele gute und schlechte Zeiten erlebt?
> - Von wem akzeptiere ich Kritik, mit wem führe ich Auseinandersetzungen?
> - Mit wem teile ich wichtige Interessen, pflege gemeinsame Hobbys?
> - Wie stehen andere Leute zu mir, wer kommt von sich aus auf mich zu? Drehen Sie diese Fragen auch um und überlegen Sie, wie es aus der Perspektive der anderen Ihnen gegenüber aussieht.

zieht Nordic Walking vor. In diesem Fall ist es für die Beziehung sicher viel besser, wenn sich beide für ihren Lieblingssport andere Gesellschaft als den eigenen Ehepartner suchen.

Wenn er auf einmal immer zu Hause ist ...

Für die Frauen ist die Umstellung meist kleiner, denn gegen 60 Prozent der 2 Millionen erwerbstätigen Frauen arbeiten Teilzeit, davon je etwa die Hälfte weniger als 50 und mehr als 50 Prozent; sie sind also bereits während ihres Erwerbslebens mehr zu Hause. Und viele erreichen auch das Pensionsalter als Hausfrauen.

Bei den Männern hingegen sind es fast 90 Prozent, die Vollzeit arbeiten.

Der Einschnitt ist somit mehr oder weniger hart, und davon ist auch ein allenfalls noch erwerbstätiger Partner stark betroffen.

Der klassische Fall ist der, dass ein voll erwerbstätiger Mann pensioniert wird und dann mehr oder weniger von einem Tag auf den anderen zu Hause ist, (fast) nur noch Freizeit und Freizeitbeschäftigungen hat und damit auch viel Zeit, die er zusammen mit seiner Frau verbringt.

In der guten Variante finden sich die beiden Partner rasch und einvernehmlich in dieser neuen Situation zurecht, der Mann übernimmt seinen Teil der Aufgaben im Haushalt, beide gestalten ihre sozialen Kontakte kreativ und definieren ihre neuen Aufgaben- und Einflussbereiche ohne Reibereien.

In der schlechten Variante sitzt auf einmal ein Nörgler den ganzen Tag im Wohnzimmer, der nicht weiss, was er machen soll, und der sich deshalb in Bereiche und Aufgaben einmischt, die die Hausfrau 40 Jahre lang eigenständig organisiert hat.

Dass in diesem Szenario ein sehr grosses Konfliktpotenzial liegt, ist klar.

Viel mehr ältere Paare lassen sich scheiden

Deshalb sind auch ganz neue gesellschaftliche Phänomene festzustellen. So steigen die Scheidungszahlen unter älteren Personen in den letzten Jahren an: Waren vor 40 Jahren noch die meisten Personen, die ihre Ehe auflösten, zwischen 30 und 40 Jahre alt, so sind sie heute zwischen 40 und 50, und die Scheidungshäufigkeit zwischen 50 und 60 ist etwa gleich hoch wie zwischen 30 und 40.

Die Abteilung für Soziale Arbeit der Fachhochschule Bern hat bei ihren Forschungsprojekten sogar festgestellt, dass sich die Scheidungsrate in der Zeit der Pensionierung in letzter Zeit verdreifacht hat (siehe auch Kasten auf Seite 52).

Eine weitere, beängstigendere Entwicklung ist die Zunahme der häuslichen Gewalt unter älteren Menschen, vor allem weil viele Seniorinnen und Senioren mit der Pflege ihres Partners zu Hause überfordert sind.

Diese beiden Entwicklungen zeigen, dass die Pensionierung eine echte Belastungsprobe für die Ehe oder für die langjährige Partnerschaft sein kann. Am besten geht

---

CHECKLISTE

Teilen Sie die Aufgaben neu auf

Paare können im Hinblick auf die Pensionierung schon im Voraus eine Aufgabenliste erstellen, um festzulegen, wer dann wofür zuständig ist – dies kann viel dazu beitragen, Konflikte zu verhindern oder zumindest zu mildern:

- Einkaufen von Lebensmitteln und Haushaltartikeln
- Kochen
- Putzen
- Waschen, Bügeln, Flicken
- Wohnung aufräumen
- Nebenräume in Ordnung halten und aufräumen
- Gartenarbeit
- Haustiere betreuen
- Freizeit und Ferien organisieren
- «Büroarbeiten» erledigen: Rechnungen zahlen, Kontakte mit Amtsstellen pflegen.

Stellen Sie Ihre eigene, für Ihre Situation angepasste Liste zusammen, bewerten Sie die Arbeiten und teilen Sie sie möglichst gerecht auf – was immer das heisst. Das muss nicht bedeuten, dass beide genau gleich viel Arbeit haben, aber versuchen Sie eine Aufteilung zu erreichen, mit der sich beide Partner wohlfühlen. Sie können auch Aufgaben untereinander aufteilen oder damit abwechseln. Machen Sie sich ebenfalls Gedanken darüber, was es für Konsequenzen haben soll, wenn jemand seine Aufgaben nicht erfüllt.

man damit um, wenn sich Frau und Mann dessen bewusst sind, dass sich schon mit der Pensionierung eines Partners ihre Lebenssituation stark verändert, denn beide müssen sich in neuen Rollen zurechtfinden.

Und ein Paar, das diese neue Phase des Lebens gemeinsam erleben will, tut gut daran, diese neuen Rollen gemeinsam zu definieren. Dies kann gleichzeitig eine grosse Chance sein, eine über Jahre eingefahrene Beziehung neu zu gestalten (siehe Kasten links).

Ihre wichtigste Kontaktperson sind Sie selber

In der jüngeren Vergangenheit hat die Werbung – und dahinter eine Industrie, die sich davon grossen Profit verspricht – eine neue Zielgruppe entdeckt: die ältere Generation.

Dank des wirtschaftlichen Aufschwungs seit dem Zweiten Weltkrieg und dank der gut ausgebauten Systeme der Altersvorsorge in den Industriestaaten sind die Pensionierten heute eine Bevölkerungsgruppe mit relativ viel Geld. Geld, das sie für Gesundheit und Fitness, für Reisen, für Lifestyle-Artikel und für den Konsum allgemein ausgeben können. Deshalb werden sie heftig umworben, und die Werbung zeichnet auch ein ganz neues Bild von ihnen.

Ein Begriff, der dies gut illustriert, ist Anti-Aging, auf Deutsch etwa Altersverhinderung. Dieser Marketingausdruck steht für das Ziel, die biologische Alterung hinauszuzögern, die Lebensqualität im Alter möglichst lange auf hohem Niveau zu erhalten und sogar das Leben zu verlängern. Mittel dafür werden etwa angeboten in den Bereichen Medizin, Ernährung und Kosmetik.

So positiv dieses Modell ist – es hat auch seine Kehrseite: Es ignoriert die natürliche Alterung und gibt damit falsche Signale. Statt sich das Ziel zu setzen, gut zu altern, will man im Grunde jung bleiben.

Richtig ist, das Alter und das Altern anzunehmen, aber dennoch flexibel zu bleiben, Neues auszuprobieren, die Veränderungen, die das Alter mit sich bringt, nicht einfach passiv anzunehmen, sondern zu gestalten und nicht zuletzt auch gewisse Dinge aufzugeben, die überholt sind.

Statt: Wer bin ich? heisst es jetzt: Wer will ich werden?

Urs Kalbermatten von der Fachhochschule Bern sagt denn auch, die Identitätsfrage im Alter sei nicht: Wer bin ich? sondern: Wer will ich werden? Das bedeutet, dass man diese letzte Phase des Lebens als Prozess begreifen sollte, den man selber beeinflussen kann – und muss, wenn man sie positiv erleben will.

Dabei hilft die Erkenntnis, dass sich die Menschen im Alter immer stärker voneinander unterscheiden: Kinder und Jugendliche sind sich im Vergleich dazu sehr ähnlich, sogar über mehrere Jahrgänge hinweg; dafür sorgen die Schule und später der Beruf.

Bei den Pensionären gibt es viel grössere Unterschiede, denn sie haben bereits lange gelebt und verfügen oft über einen ganz anderen Elebnishorizont. Damit haben sie auch mehr Möglichkeiten – und diese Chancen zu nutzen kann zu einer echten Bereicherung führen.

Der materielle Aspekt der 4. Säule
Die moderne westliche Gesellschaft betont das Ideal der persönlichen Freiheit und des Individualismus. Dabei tritt gelegentlich die Bedeutung der sozialen Beziehungen etwas in den Hintergrund, und diese sind besonders im Alter wichtig. Auch aus materiellen Gründen:

Wer im Alter allein lebt, ohne tragfähige soziale Beziehungen, strapaziert die Sozialwerke viel stärker als andere. Die meisten älteren pflegebedürftigen Menschen sind zu Hause und werden unentgeltlich von Ehepartnern, Angehörigen oder Freunden betreut, konkret meistens von Frauen.

Diesen grossen Betreuungsaufwand könnten öffentliche Institutionen wie Spitäler und Heime gar nicht leisten.

Wie gross die Bedeutung dieser freiwillig geleisteten Arbeit ist, lässt sich an folgenden Zahlen ermessen: Im Kanton Solothurn, so dessen Sozialbericht 2005, bieten 49 Prozent der 65- bis 74-Jährigen regelmässig unentgeltliche Hilfeleistungen für andere Personen an, von den über 74-Jährigen sind es gar 52 Prozent. Diese Anteile sind höher als bei den 15- bis 64-Jährigen, von ihnen erbringen nur 38 Prozent regelmässig unentgeltliche Hilfeleistungen.

Häufige Dienstleistungen, die ältere Personen erbringen, sind das Erledigen von Haushaltsarbeiten und Einkäufen oder die Zubereitung von Mahlzeiten für andere Personen.

Stark verbreitet ist auch die Betreuung von Familienmitgliedern, vor allem die Beaufsichtigung von Kindern. Der Solothurner Sozialbericht hält denn auch abschliessend fest: Diese Leistungen haben einen hohen volkswirtschaftlichen Wert.

Sich für die Zeit des Ruhestandes ein möglichst tragfähiges soziales Netz zu knüpfen, Freundschaften zu erhalten und zu pflegen und neue zu finden, ist somit für das persönliche Glück ebenso wichtig wie für die gesamte Gesellschaft.

Soziale
Kontakte,
4. Säul

8 Einen neuen Lebenssinn finden
Tun Sie endlich das, worauf Sie Lust haben

Endlich! Kein Wecker mehr, keine Pflichten mehr, der Ruhestand ist da, die grosse Freiheit beginnt. Doch aufgepasst: Der neue Lebensabschnitt dauert im Durchschnitt noch rund 20 Jahre, und wer diese Zeit wirklich geniessen will, muss sie mit einem eigenen Lebenssinn ausstatten.

Die Zeit der Pensionierung bietet Ihnen eine Riesenchance: Tun Sie das, wozu Sie wirklich Lust haben.

Vielleicht blicken Sie einmal zurück in Ihre eigene Vergangenheit und graben ein altes Steckenpferd wieder aus, das Sie seinerzeit aus Zeitmangel oder aus irgendeinem anderen Grund haben aufgeben müssen – jetzt haben Sie die Möglichkeit, dieses wieder zu pflegen. Fragen Sie sich, was Ihnen am meisten Freude gemacht hat, und suchen Sie hier wieder einen Anknüpfungspunkt.

Möglichkeiten gibt es viele
- Hobbys pflegen – eventuell kann man mit einem Hobby sogar etwas Geld dazuverdienen
- sich weiterbilden
- Sport treiben – dabei geht es nicht nur um eine sinnvolle Freizeitgestaltung, sondern darum, dass man sich gerade im Alter fit hält und auf die Gesundheit achtet
- reisen
- Freiwilligenarbeit leisten.

Nutzen Sie die neuen Freiheiten wirklich aus

Nutzen Sie die Möglichkeit, Ihre Zeit und Ihre Tätigkeit selber zu gestalten. Pflegen Sie die Aktivitäten, die Ihnen guttun.

Aktivieren Sie Ihr altes Hobby. Fangen Sie wieder an zu schreinern, renovieren Sie das Haus. Werden Sie zur Künstlerin, zum Künstler mit Malen, Töpfern, Musizieren. Beginnen Sie mit Schreiben, ob an Ihrer eigenen Lebensgeschichte, an einem Roman, an Kurzgeschichten, an Gedichten.

Lesen Sie die Bücher, die Sie schon immer lesen wollten und nie dazu kamen, werden Sie eine Expertin oder ein Experte auf einem Gebiet – dieses neue Wissen können Sie bestimmt bald irgendwo gut anwenden.

Lesen ist übrigens ein ausserordentlich billiges Hobby, denn Bücher müssen nicht gekauft, sondern können in Bibliotheken ausgeliehen werden; Bibliotheken gibt es überall, in den Städten grössere, etwa an den Universitäten, in den Dörfern kleinere. Basteln Sie, züchten oder pflegen Sie Tiere – all diese Tätigkeiten bieten sich ideal dafür an, einen neuen Lebenssinn zu finden.

Vielleicht leben Sie seit Jahren oder gar Jahrzehnten am selben Ort, aber kennen ihn immer noch nicht bis in den hintersten Winkel: Besuchen Sie einmal das Ortsmuseum und die Ausstellungen der lokalen Künstler, erwandern Sie unbekannte Quartiere.

Reisen Sie: Reisen ist heute relativ billig, und da Sie zeitlich flexibel sind, können Sie genügend Zeit darauf verwenden, das beste – das ist nicht unbedingt das in Franken billigste – Angebot zu suchen und Ihre Reise oder Ihre Ferien so zu planen, dass Sie auch zu einem (preis-)günstigen Termin fliegen oder fahren.

Treiben Sie Sport. Sport ist gerade im Alter nicht nur ein sinnvoller Zeitvertreib, sondern ein enorm wichtiger Gesundheitsfaktor: Wer sich genügend bewegt und seine Muskeln trainiert, bleibt auch im hohen Alter noch fit und gesund.

Doch nicht nur für den Körper ist Sport gesund, sondern auch für den Geist. Er steigert die Selbstsicherheit in Alltagssituationen, hilft Stress zu reduzieren und wirkt sich allgemein positiv auf die psychische Verfassung aus. Kurz gesagt: Die richtige sportliche Betätigung im Alter verhilft zu mehr Lebensqualität. Mehr zu diesem Thema lesen Sie ab Seite 72 ff.

Weitere Möglichkeiten sind etwa Musizieren oder Theaterspielen. Gelegenheiten dazu bieten sich überall, bei Vereinen, Hobbyorchestern und Laienbühnen. Erkundigen Sie sich bei Ihren Gemeindebehörden oder bei der Pro Senectute.

Das Wichtigste ist: Setzen Sie sich mit Ihren ganz persönlichen Bedürfnissen und Wünschen auseinander (siehe Seite 103 f.). Haben Sie Mut, Ihre Pläne gegen innere und äussere Widerstände zu verwirklichen. Das Argument «Dafür bin ich doch zu alt» zählt nicht.

Freunden Sie sich mit Computer und Internet an

Eine grosse Chance für ältere Menschen bietet die Welt des Computers und des Internets.

IN DIESEM KAPITEL	
106	Nutzen Sie Ihre neugewonnene Freiheit
107	Freunden Sie sich mit dem Computer an
108	Seniorenorganisationen
109	Bereichernd: Freiwilligenarbeit
110	Tipp: Mit Zeit statt mit Geld bezahlen
111	Weiterbildung als grosse Chance

Wenn Sie dieser Technik gegenüber eher skeptisch eingestellt sind, geben Sie sich einen Ruck – aus zwei Gründen:

Zum einen werden Computer und Internet immer wichtiger, und auch als älterer Mensch kommt man nicht mehr darum herum, sich damit zu befassen.

Wer fotografiert, tut dies heute meist mit einer Digitalkamera – eigentlich einem auf Bilder spezialisierten Computer –, und für die Verarbeitung der Bilder eignet sich am besten ein PC mit den entsprechenden Programmen und allenfalls ein Drucker.

Der Computer eröffnet viele neue Möglichkeiten

Mit Handys kann man heute viel mehr tun als nur telefonieren – eingebaut sind neben Mikrofon, Lautsprecher und Tastatur auch Funktionen, die man in jedem richtigen Computer findet und mit denen man Bilder anschauen, Mails empfangen, Texte lesen kann und vieles mehr.

Von anderen Computern bekommt man weniger mit, und man kann sie weniger oder auch gar nicht beeinflussen: SBB-Billettautomaten beispielsweise sind nichts anderes als Computer, die mit einem berührungsempfindlichen Bildschirm bedient werden und deren eingebauter Drucker schliesslich – wenn man alles richtig eingegeben und auch bezahlt hat – das Billett ausdruckt.

Ein modernes Auto hat rund 50 Mikroprozessoren – nichts anderes als kleine, ganz spezifische Computer – eingebaut, die Motorfunktionen, Bremsen, Türsicherung, Airbags und viele weitere Prozesse steuern. Davon merkt man allerdings nur dann etwas, wenn einer oder mehrere davon nicht mehr funktionieren.

Zum anderen eröffnen Computer Möglichkeiten, die nicht nur für Junge, sondern auch für ältere Menschen sehr attraktiv, nützlich und hilfreich sind: Diskussionsforen im Internet, in denen man sich mit Gleichgesinnten über Probleme, aber auch über schöne Erlebnisse austauschen kann, Kommunikationstechniken, mit denen man unkompliziert den Kontakt zu Familienmitgliedern oder Freunden im Nachbarhaus oder am anderen Ende der Welt aufrechterhalten kann, Einkaufsmöglichkeiten im Internet, die einem den vielleicht mühseligen Gang in den weit entfernten Einkaufsladen abnehmen – die vielfältigen Möglichkeiten, die Computer und Internet bieten, sind gerade für pensionier-

---

INFO

Seniorenorganisationen vertreten ältere Menschen

Neben Vereinen und anderen Institutionen für ältere Menschen, die vor allem der Freizeitgestaltung dienen, gibt es auch Organisationen, die sich grundsätzlich mit der Situation dieser Bevölkerungsgruppe befassen und beispielsweise deren Vertretung gegenüber Behörden und Institutionen zum Ziel haben (Adressen siehe Kapitel 10):

■ Der **Schweizerische Seniorenrat SSR** ist beratendes Organ des Bundesrats in Altersfragen. Er vertritt die wirtschaftlichen und sozialen Anliegen der älteren Menschen gegenüber Bund, Verbänden, Institutionen, Medien und Öffentlichkeit.

■ **Seniorenräte** gibt es auch auf der Ebene von Kantonen und Gemeinden; auch diese arbeiten mit den Institutionen zusammen, um die Interessen der älteren Generation zu vertreten.

■ Der **Schweizerische Verband für Seniorenfragen** ist ein gemeinnütziger, parteipolitisch und konfessionell unabhängiger, föderativ geführter Verband, der sich der Anliegen der älteren Menschen in unserer Gesellschaft annimmt. Er vereint als Dachorganisation die verschiedenen regionalen und kantonalen Senioren- und Rentnerverbände, gesamtschweizerisch tätige Pensioniertenvereinigungen sowie weitere Institutionen, die sich für einen generationenverträglichen Solidaritätspakt aller Bevölkerungsgruppen unserer Gesellschaft einsetzen.

■ Die **Vasos** ist die **Vereinigung aktiver Senioren- und Selbsthilfe-Organisationen der Schweiz**, sie ist politisch unabhängig und konfessionell neutral. In ihr sind unter anderem die Grauen Panther vernetzt.

> **INFO**
>
> ### Starthilfe für Computer und Internet
>
> Viele Institutionen helfen älteren Menschen dabei, sich mit der modernen Technik vertraut zu machen und sie richtig zu benutzen.
>
> So führt die Pro Senectute beispielsweise Handykurse durch, und viele Schulen organisieren spezielle Computerkurse für ältere Leute. Auf dem Seniorweb (www.seniorweb.ch) gibt es Diskussionsforen für Computerprobleme, in denen man Fragen stellen kann und – in der Regel – rasch und kompetent Antwort bekommt.
>
> Unter dem Namen Computerias – ein Zusammenzug aus Computer und Cafeteria – bestehen in der ganzen Schweiz Klubs von Seniorinnen und Senioren, die miteinander bei gesellig em Zusammensein über ihre Erfahrungen und Probleme mit dieser Technik sprechen. Informationen finden Sie bei www.computerias.ch. Wenn Sie selber noch keinen Computer oder keinen Internetzugang haben, können Sie sicher bei Ihren Kindern, Freunden, Bekannten oder Nachbarn einen Blick auf diese Site werfen.
>
> Infos für Computereinsteiger finden Sie auch im K-Tipp-Ratgeber «Das Internet sinnvoll nutzen». Sie können das 140-seitige Buch über Telefon 044 253 90 70 bestellen oder im Internet über www.ktipp.ch.

te Personen ganz besonders interessant.

Freiwilligenarbeit – eine bereichernde Alternative

Was könnte einem in fortgeschrittenem Alter mehr Sinn verleihen, als sich für andere Menschen zu engagieren, anderen zu helfen oder die eigenen Erfahrungen weiterzugeben? Unsere Gesellschaft ist darauf angewiesen, dass es Menschen gibt, die solche Arbeit leisten.

Am einfachsten ist es, dies im Rahmen einer bestehenden Organisation zu tun. Hier gibt es in der Regel klare Strukturen und Vorgaben für die Tätigkeit. Einführungskurse, Fortbildung und Begleitung erleichtern den Einstieg ins neue Aufgabengebiet.

Es gibt auch Seminare, in denen sich Pensionierte das Rüstzeug holen können für den Einsatz in einer gemeinnützigen Organisation. Solche Kurse bietet zum Beispiel Innovage an, ein Projekt des Migros Kulturprozents und der Hochschule für Soziale Arbeit Luzern (Adressen, auch für die weiter unten aufgeführten Institutionen, siehe Kapitel 10).

■ **Soziales Engagement:** Besuchsdienst in Spitälern und Altersheimen, Fahrdienst und Mahlzeitendienst, Sterbebegleitung, Leihgrossmütter und -grossväter, Nachbarschaftshilfe – all diese Dienstleistungen sind nur dank freiwilligen Helfern möglich. Der Einsatz der Hilfskräfte wird über diverse Institutionen koordiniert, zum Beispiel über das Schweizerische Rote Kreuz, Pro Senectute und den Samariterbund. Anmeldungen für Freiwilligenarbeit nimmt auch die Koordinationsstelle Benevol Schweiz entgegen.

- **Politisches Engagement:** Auch im politischen Bereich sind Personen gefragt, die sich für altersspezifische Anliegen einsetzen. Für ein politisches Engagement muss man nicht Mitglied einer Partei sein. Freiwilligenarbeit ist auch in überparteilichen Gruppierungen möglich, zum Beispiel beim Schweizerischen Senioren- und Rentnerverband oder bei der Vereinigung aktiver Senioren und Selbsthilfeorganisationen (siehe Kasten auf Seite 108).

- **Seniorexperten:** Vor allem Jungunternehmer oder Klein- und Mittelbetriebe nehmen gelegentlich gerne die Dienste von «Seniorexperten» mit ihrem betriebswirtschaftlichen Know-how in Anspruch. Für die temporären Einsätze werden in der Regel pensionierte Manager mit Branchenkenntnissen gesucht und für ihre Arbeit auch entschädigt. Hochqualifizierte, erfahrene Führungskräfte, die ihr Fachwissen auch nach der Pensionierung weitergeben möchten, können sich dem Netzwerk Adlatus anschliessen.

Die Erfahrung von pensionierten Fachkräften ist auch bei Entwicklungsprojekten und Hilfseinsätzen im Ausland gefragt. Pensionierte Fachleute des Senior Expert Corps (SEC) stehen Klein- und Mittelbetrieben in Entwicklungsländern und Osteuropa als Problemlöser zur Verfügung. Ihre Einsätze auf ehrenamtlicher Basis dauern maximal drei Monate. Auskünfte sind erhältlich bei Swisscontact, Stiftung für technische Entwicklungszusammenarbeit.

Freiwillige Arbeit im Rentenalter ist eine gute Sache. Nicht nur die Gesellschaft profitiert davon, sie befriedigt auch persönliche Bedürfnisse, die nach dem Rückzug

---

TIPP

Bezahlen Sie mit Zeit statt Geld

Eine interessante Möglichkeit, Erfahrung und Spezialwissen auch nach der Pensionierung an andere weiterzugeben, sind sogenannte Tauschnetzwerke. Getauscht werden hier nicht Waren, sondern Dienstleistungen. Bei diesem Tauschhandel ist kein Geld im Spiel. Die Währung ist hier Zeit. Ein Beispiel: Sie sind versiert im Umgang mit dem Computer und installieren jemandem das System des PC neu. Für die geleistete Arbeit erhalten Sie eine Zeitgutschrift. Damit können Sie eine andere Dienstleistung beanspruchen, die im Rahmen des Tauschnetzwerkes angeboten wird, zum Beispiel eine Rückenmassage oder eine Yoga-Lektion.

Solche Tauschnetzwerke existieren fast überall in der Schweiz. Der Tauschhandel wird meist übers Internet abgewickelt. Links zu den Schweizer Tauschorganisationen finden Sie auf www.tauschnetz.ch.

aus dem Berufsleben häufig zu kurz kommen. Hier erfährt man Wertschätzung und Anerkennung, man ist mit Gleichgesinnten zusammen und wird geistig und körperlich gefordert.

Weiterbildung kann Ihrem Leben neuen Sinn geben

Neues lernen, altes Wissen auffrischen und vertiefen – auch dies gehört heute zum Rentnerleben. Das Lernen als Lustprinzip entdecken viele Menschen erst nach der Pensionierung. Endlich hat man Zeit, um sich mit Dingen zu beschäftigen, die einen immer schon interessiert haben.

Ob Fremdsprachen, Architektur, Geschichte, Philosophie, Musik oder Kunst: Der Lerneifer der Senioren lässt Fort- und Weiterbildungsangebote florieren und macht auch vor den Universitäten nicht halt.

Im Wintersemester 2008/2009 waren an Schweizer Universitäten über 1600 Personen über 50 eingeschrieben, rund drei Viertel davon in den Geistes- und Sozialwissenschaften.

Allerdings: Wer nach der Pensionierung ein Hochschulstudium in Angriff nehmen will, braucht dafür in der Regel ein Maturitätszeugnis. An den Universitäten Freiburg, Genf, Lausanne und der italienischen Schweiz wird man jedoch auch ohne Matur zum Studium zugelassen.

Dabei kommen besondere Aufnahmeverfahren zur Anwendung, die von Universität zu Universität, von Fakultät zu Fakultät verschieden sind.

Einmal Universitätsluft schnuppern auch ohne akademische Ambitionen – dies ist im Rahmen der Seniorenuniversitäten möglich.

Solche Einrichtungen gibt es mittlerweile in allen Schweizer Universitätsstädten und im Tessin. Seniorenuniversitäten stehen allen interessierten Personen im Rentenalter offen, unabhängig von der Vorbildung. Hier geht es nicht um Diplome, im Vordergrund steht das Zusammensein und Diskutieren mit Gleichgesinnten.

Dennoch wird ein Bildungsprogramm auf Hochschulniveau in allen Bereichen des Wissens und der Kunst angeboten. Seminare und Vorlesungen finden am Nachmittag statt und werden in der Regel von Hochschuldozenten und -dozentinnen gehalten.

Nähere Infos und die aktuellen Semesterprogramme sind beim Sekretariat der jeweiligen Seniorenuniversität erhältlich.

9 Wohnen im Alter
Umziehen – oder gar auswandern?

Mehr Zeit für sich selber haben, nicht mehr wegen der Arbeit an einen Ort gebunden sein, dafür auch weniger mobil sein – im Alter stellt man an die Wohnsituation ganz andere Ansprüche als früher. Deshalb muss man diese Thematik sorgfältig prüfen und planen.

Je älter wir werden, desto mehr Zeit verbringen wir in den eigenen vier Wänden. Deshalb ist ein behagliches Zuhause ein entscheidender Faktor für die Lebensqualität.

Viele ältere Menschen leben seit Jahren in ihrem Haus oder in ihrer Wohnung. In der vertrauten Umgebung fühlt man sich geborgen und sicher. Man ist verwurzelt im Quartier, im Dorf. Hier ist ein Stück Heimat. Dies alles aufgeben und im Alter noch einmal umziehen – vor diesem Gedanken schrecken die meisten zurück.

Doch man sollte realistisch sein: Die Wohnsituation kann für lange Zeit ideal sein, aber sie bleibt es selten für immer.

Mit fortschreitendem Alter, wenn die Kräfte schwinden, kann besonders das mehrstöckige Eigenheim mit grossem Garten zur Belastung werden. Treppen steigen, den Haushalt führen, einkaufen: All dies fällt zunehmend schwer.

Manchmal wird deshalb der Verkauf des Hauses oder der Auszug aus der Wohnung ganz plötzlich zum Thema. Eine Krankheit, der Verlust des Partners oder ein Unfall können einen solchen Schritt notwendig machen. Dann ist es gut, wenn man sich schon vorab Gedanken gemacht hat über einen allfälligen Wohnortswechsel.

Jetzt ist es Zeit, die Wohnsituation zu überprüfen

Die bevorstehende Pensionierung ist ein guter Zeitpunkt, um sich mit der Frage auseinanderzusetzen, wo und wie man im Alter leben möchte. Insbesondere sollten Sie kritisch prüfen, ob die gegenwärtigen Wohnverhältnisse Ihren Bedürfnissen (noch) gerecht werden: Was gefällt Ihnen besonders am jetzigen Wohnort, was stört Sie?

Und: Können Sie den Alltag in Ihrem Zuhause auch in späteren Jahren problemlos bewältigen, wenn Ihnen nicht mehr alles so leicht von der Hand geht? Die Checkliste auf Seite 114 hilft Ihnen, sich darüber klar zu werden.

Wer sich mit der Wohnsituation im Alter beschäftigt, sollte persönliche Wünsche und Bedürfnisse in den Vordergrund stellen: Nach der Pensionierung werden Sie auch tagsüber meist zu Hause sein – und möglicherweise zum ersten Mal feststellen, wie lärmig es in Ihrem Wohnquartier ist.

Wenn Sie zu zweit oder mit noch mehr anderen Personen zusammen in einer Wohnung leben, vermissen Sie vielleicht einen Raum, in den Sie sie sich ungestört zurückziehen können. Vielleicht möchten Sie Ihren Ruhestand in ruhiger, ländlicher Umgebung verbringen. Vielleicht näher bei Ihren Kindern und Enkelkindern sein.

Oder es zieht Sie in die Stadt, weil Sie nun endlich mehr Zeit haben für Konzerte, Oper und Theater.

Andere träumen davon, den Ruhestand im sonnigen Süden zu geniessen und denken gar ans Auswandern (siehe Seite 116). Sehen Sie die neue Lebensphase auch als Chance, weil Sie nicht mehr wegen der Arbeit an einen bestimmten Ort gebunden sind, sondern ihren Platz nach anderen Kriterien auswählen können.

Auch wenn man sich im Moment schwertut mit dem Gedanken an eine Züglete: Seien Sie offen für Veränderungen, und schieben Sie diese nicht auf die lange Bank. Viele ältere Menschen bedauern rückblickend, dass sie den richtigen Zeitpunkt für einen Umzug verpasst haben.

Es ist bedeutend einfacher, sich an einem neuen Ort einzuleben, wenn man die Sache mit Mut, Kraft und Entschlossenheit anpackt. Auf keinen Fall sollten Sie einfach zuwarten, bis die Umstände Sie dazu zwingen, das Haus zu verkaufen oder die Wohnung aufzugeben.

Aber planen Sie umsichtig, denn wenn Sie sich falsch entscheiden, wird es immer schwieriger, dies wieder rückgängig zu machen beziehungsweise wieder zurück- oder noch einmal an einen anderen Ort umzuziehen.

Gemeinschaftliche Wohnformen

Jeder dritte Pensionierte in der Schweiz ist alleinstehend. Und der

IN DIESEM KAPITEL	
112	Überprüfen Sie Ihre Wohnsituation
113	Gemeinschaftliche Wohnformen
114	Checkliste: Stimmt die Wohnsituation noch?
115	Hausgemeinschaft und Alters-WG
116	Auswandern nach der Pensionierung
119	Lebenshaltungskosten im Ausland
121	Die Quellensteuer bei der Auszahlung von Vorsorgegeldern
122	So holen Sie die Quellensteuern zurück
123	Steuern in verschiedenen Ländern
125	Krankenversicherung im Ausland
126	Krankenversicherung in EU-/Efta-Ländern
128	Krankenversicherung in anderen Ländern
128	Immobilienkauf im Ausland
129	Checkliste: Das ist vor dem Hauskauf im Ausland zu klären
130	Schwarzgeldzahlungen: Riskantes Geschäft
132	Erbschaftssteuern im Ausland

Gedanke, dass man im Alter ganz auf sich allein gestellt ist, macht vielen Angst. In den letzten Jahren sind zahlreiche Wohnprojekte für Senioren entstanden, die dem Bedürfnis nach Gemeinschaft ebenso Rechnung tragen wie dem Wunsch nach Privatsphäre und einem selbstbestimmten Leben.

■ **Alterssiedlungen und Seniorenresidenzen** bieten geräumige Kleinwohnungen, die individuell eingerichtet werden können. Ein grosser Pluspunkt ist das zusätzliche Service- und Betreuungsangebot, das die Bewohner je nach Bedürfnis in Anspruch nehmen können.

Für Mahlzeiten, Wäsche und Wohnungsreinigung wird gesorgt, sofern man dies möchte. Coiffeur,

Fusspflege und Autofahrdienst vor Ort erleichtern den Alltag, und auch die medizinische Versorgung ist an diesen Orten in der Regel gewährleistet.

Allerdings: Die meisten frisch Pensionierten sind noch so fit und unternehmungslustig, dass sie sich noch lange nicht aufs «Altenteil» zurückziehen wollen. Für aktive, kontaktfreudige Pensionäre sind deshalb privat organisierte Wohnmodelle wie Haus- und Wohngemeinschaft eine interessante Alternative zu den herkömmlichen Alterswohnungen.

CHECKLISTE

Stimmt die Wohnsituation noch?

Am besten machen Sie vor und besonders nach der Pensionierung alle zwei, drei Jahre einen Wohn-Check und überlegen sich, ob Sie an Ihren Wohnverhältnissen etwas verändern sollten.

- **Vor- und Nachteile:** Was gefällt mir grundsätzlich an der jetzigen Situation, am Wohnort, am Quartier, am Haus oder an der Wohnung? Was stört mich?
- **Veränderung:** Wie wird es hier in zehn, zwanzig Jahren aussehen, wird die Situation für mich immer noch stimmen? Vergessen Sie nicht, dass sich Ihre gesundheitliche Verfassung stark ändern kann.
- **Raumangebot:** Gibt es genügend Platz für Hobbys, Gäste, Enkelkinder? Hat jeder Bewohner ein eigenes Zimmer, das er individuell nutzen kann? Hat die Wohnung einen Balkon? Wird das Raumangebot im Eigenheim tatsächlich genutzt?
- **Altersgerechte Gestaltung:** Ist die Wohnung beziehungsweise das Haus für gehbehinderte Personen geeignet? Das heisst zum Beispiel: Ist sie per Lift oder ebenerdig erreichbar, sind alle Räume rollstuhlgängig ohne Stufen und Türschwellen, ist sie pflegeleicht? Oder lässt sich das Haus allenfalls altersgerecht umbauen?
- **Nachbarschaft/Vermieter:** Wie ist das Verhältnis zum Vermieter und zu den Nachbarn? Kann ich auf Unterstützung von Nachbarn zählen, wenn ich sie brauche? Ist das Mietverhältnis langfristig sicher?
- **Umgebung:** Was bietet mir die Wohnumgebung an Einkaufsmöglichkeiten, Dienstleistungen, Erholungsgebieten, Spazierwegen, sozialen Kontakten, kulturellen Angeboten? Ist die Lage ruhig oder lärmig? Wohne ich zu zentral, zu abgelegen oder gerade richtig?
- **Schauen Sie auch in die Zukunft:** Denken Sie daran, wie es damit steht, wenn Sie weniger mobil sind. Und: Sind in der näheren Umgebung weitere Überbauungen, Strassen oder andere Projekte geplant, die eine grössere Beeinträchtigung Ihrer Lebensqualität bedeuten könnten?
- **Garten:** Macht der Garten mehr Arbeit als Freude? Bin ich bereit, eine Drittperson für dessen Pflege anzustellen und zu bezahlen?
- **Erschliessung:** Ist das Quartier mit dem öffentlichen Verkehr erschlossen? Ist eine Bushaltestelle in der Nähe? Kann ich auch ohne Auto einkaufen, zum Arzt, auswärts essen gehen, Kulturanlässe besuchen, Freunde und Angehörige treffen?
- **Sanierung/Renovation:** Wird das Miethaus demnächst saniert? Ist mit entsprechenden Umtrieben und einer Mietzinserhöhung zu rechnen? Stehen beim Eigenheim Renovationen an? Will und kann ich den Aufwand und die finanzielle Belastung auf mich nehmen?
- **Kosten:** Ist der Mietzins auch mit dem Renteneinkommen tragbar? Ist die Finanzierung des Eigenheims langfristig gesichert, auch wenn ein Partner sterben sollte?

- **Hausgemeinschaft:** Meist sind es Privatpersonen, die auf genossenschaftlicher Basis eine Hausgemeinschaft ins Leben rufen. Je nach Konzept leben hier nur Senioren, oder Jung und Alt sind durchmischt, oder es leben Familien und Singles zusammen in einem Haus oder in einer Wohnanlage.

Jede Partei hat ihre eigene Wohnung, daneben gibt es aber auch Bereiche zur gemeinsamen Nutzung wie Gemeinschaftsräume für gesellige Anlässe und den Garten. Man organisiert zum Beispiel Grillabende, veranstaltet Spielnachmittage und Jassturniere, trifft sich in Lesegruppen und feiert gemeinsame Feste. Wann immer man Lust hat auf Gesellschaft, findet man diese – ohne Zwang, immer dabei sein zu müssen.

Diese Wohnform bietet viel Freiheit und Privatsphäre, dennoch sind die Nachbarn füreinander da und unterstützen sich gegenseitig, falls jemand Hilfe benötigt.

Hausgemeinschaft gründen? Früh mit der Planung anfangen!

In den meisten Hausgemeinschaften zieht man ambulante Dienste wie Spitex hinzu, wenn jemand krank oder pflegebedürftig wird. Damit eine Betreuung zu Hause möglich ist, müssen Wohnungen, Haus und Umgebung altersgerecht und rollstuhlgängig gestaltet sein.

Wer eine Hausgemeinschaft ins Leben rufen will, sollte sehr früh damit beginnen, eine geeignete Liegenschaft und künftige Mitbewohner zu suchen. Bis das Projekt realisiert ist, können mehrere Jahre vergehen.

Tipp: Besichtigen Sie vorgängig bestehende Hausgemeinschaften und lassen Sie sich während der Planungs- und Umsetzungsphase von geeigneten Fachstellen unterstützen. Entsprechende Kontakte kann die Stiftung Pro Senectute vermitteln (Adresse siehe Kapitel 10).

- **Alters-Wohngemeinschaft:** Seit den Sechzigerjahren ist die «WG» ein beliebtes Wohnmodell vor allem bei jungen Menschen. Doch es gibt immer mehr alleinstehende Senioren, die ebenfalls Gefallen finden am WG-Leben. Viele ältere Menschen leben allein in einem grossen Haus – weshalb also nicht einen oder mehrere Wohnpartner suchen?

Eine funktionierende Wohngemeinschaft hat im Alter durchaus Vorteile: Sie verringert die Gefahr zu vereinsamen, fördert Freundschaften und gemeinsame Freizeitaktivitäten. Jeder und jede kann die eigenen Fähigkeiten einbringen und Verantwortung übernehmen, etwa beim gemeinsamen Kochen, Einkaufen oder Putzen.

Werden die Bewohner mit der Zeit hilfebedürftig, lässt sich Unterstützung und Betreuung von aussen gemeinsam leichter organisieren und finanzieren.

Denkbar ist zum Beispiel, dass sich eine Wohngemeinschaft die Kosten für eine Pflege- oder Haushaltskraft teilt, die stundenweise ins Haus kommt.

Allerdings: In der Wohngemeinschaft ist die Privatsphäre eingeschränkt. Küche, Badezimmer und Kühlschrank mit anderen zu teilen, ist nicht jedermanns Sache. Und die Auffassungen von Sauberkeit und Ordnung sind oft recht unterschiedlich.

Damit das WG-Leben funktioniert, müssen die Bewohnerinnen und Bewohner gut miteinander auskommen; das Zusammenleben setzt ein recht hohes Mass an Toleranz voraus. Zudem sollten alle WG-Bewohner fähig sein, Konflikte offen anzusprechen und gemeinsam nach fairen Lösungen zu suchen.

Wichtig ist auch, im Voraus zu klären, wie weit die gegenseitige Hilfe und Unterstützung gehen soll. Mit der Pflege eines kranken Mitbewohners ist eine Wohngemeinschaft meistens überfordert, und falsche Erwartungen können das Zusammenleben erheblich belasten.

Wenn Sie Ihr Haus für eine Alters-WG öffnen wollen, sollten Sie sich Zeit nehmen und die künftigen Mitbewohnerinnen und Mitbewohner vorher gründlich kennen lernen. Seien Sie ehrlich, wenn Sie Bedenken haben, und scheuen Sie sich nicht, einen WG-Kandidaten abzulehnen. Falls Sie zu einer bereits bestehenden WG stossen möchten, sollten Sie ein mehrtägiges Probewohnen vereinbaren, damit Sie sich gegenseitig besser kennen lernen können.

Auswandern nach der Pensionierung

An der Sonne statt im dichten Nebel sitzen und sich die Meeresbrise um die Nase wehen lassen – so stellen sich viele Schweizerinnen und Schweizer den Lebensabend

---

TIPPS

Hausgemeinschaft und Alters-Wohngemeinschaft

- Eine Wohn- oder Hausgemeinschaft eignet sich für kontaktfreudige Menschen, die bereit sind, sich in einer Gemeinschaft zu engagieren.
- Die Mitglieder einer Hausgemeinschaft oder einer WG müssen sich gut verstehen. Deshalb sollte man sich schon vor dem Einzug kennen lernen und sich intensiv mit dem gemeinsamen Zusammenleben, mit den individuellen Vorstellungen und Bedürfnissen auseinandersetzen.
- Klären Sie, *bevor* jemand pflegebedürftig wird, wie weit im Ernstfall die gegenseitige Hilfe gehen soll.

- Das Zusammenleben hilft sparen: So können etwa Waschmaschinen, Werkzeuge oder Autos gemeinsam angeschafft und genutzt werden. Ältere Personen können sich die Kosten für Hilfsdienste oder ambulante Pflege teilen.
- Sie suchen Mitbewohner für eine Wohngemeinschaft oder möchten selber zu einer WG oder einer Hausgemeinschaft stossen? Im Internet-Portal www.wohnform50plus.ch der Pro Senectute können Sie online Inserate aufgeben und mit anderen Inserenten Kontakt aufnehmen.

> **TIPPS**
>
> ### Der Mittelweg: Als «Saisonnier» ins Ausland
>
> Ein Mittelweg zwischen Auswandern und Hierbleiben, den viele Pensionierte wählen, ist es, nur ein paar Monate – meist während der kalten Jahreszeit – im Süden zu verbringen. Dies ist zwar mit finanziellem Mehraufwand verbunden, aber möglicherweise dennoch die bessere Lösung, als in der Heimat alle Zelte abzubrechen.
>
> In beliebten Destinationen ist das Angebot an Ferienhäusern und Appartements meist gross, der Mietpreis bei einem Langzeitaufenthalt oft verhandelbar. Wer jedes Jahr für mehrere Monate verreist, braucht in der Schweiz keine Luxusbleibe. Sinnvoll wäre ein kleines Domizil, das sich als Ferienwohnung vermieten lässt.

vor – und suchen ihr Glück für die letzten Lebensjahre im nahen oder fernen Ausland.

Zum Auswandern gehören allerdings nicht nur eine gehörige Portion Mut, sondern auch ein solides finanzielles Polster und eine intensive Planung und Vorbereitung.

In den letzten 20 Jahren hat sich die Zahl der Schweizer Rentner verdoppelt, die ihren Ruhestand fern der Heimat geniessen. Gemäss einer Statistik des EDA lebten im Jahr 2008 rund 117 000 über 65-Jährige im Ausland.

Die Alltagsrealität im Ausland: Meist keine Postkartenidylle

Die überwiegende Mehrheit der Schweizer Senioren zieht es nach Frankreich, Deutschland, Spanien und Italien. Ebenfalls beliebt sind die USA und Kanada, neuerdings vermehrt auch Brasilien, Costa Rica und Thailand.

Wer von einem Lebensabend unter Palmen träumt, muss sich darüber im Klaren sein: Auch im Süden scheint nicht immer die Sonne. Der Neuankömmling wird konfrontiert mit einer anderen Mentalität, mit einer fremden Sprache und oftmals auch mit einer ausufernden Bürokratie. Dies alles erschwert viele einfache Dinge des Lebens.

Kurz: Die Alltagsrealität in einem fremden Land hat wenig zu tun mit der Postkartenidylle, die man aus den Ferien kennt.

Bevor Sie die Wohnung kündigen, das Haus verkaufen und der Schweiz definitiv den Rücken kehren, sollten Sie sich deshalb ein möglichst realistisches Bild machen von der Wahlheimat.

Je besser man Land und Leute kennt, desto leichter fällt der Neubeginn.

Planung und Vorbereitung sind hier besonders wichtig

Vor der definitiven Abreise sollten Sie längere Zeit im Land verbringen. Am besten planen Sie mehrere Aufenthalte von zwei bis drei Monaten – und zwar zu unterschiedlichen Jahreszeiten. So lässt sich besser abschätzen, ob Sie sich im Gastland auf Dauer auch wirklich wohl fühlen. Vor Ort können Sie zudem diverse offene

Fragen klären. Vielleicht lernen Sie dort andere Auswanderer kennen, von deren Erfahrungen und Tipps Sie profitieren können.

Steht der Entschluss zum Auswandern definitiv fest, muss man sich über zahlreiche Punkte Gedanken machen: Unter welchen Bedingungen erhalten Sie im Gastland eine Aufenthaltsbewilligung? Wie hoch sind Lebenskosten und Steuern? Was ist mit der Krankenkasse und den anderen Versicherungen? Wie legt man das Vermögen am besten an? Was geschieht, wenn man in der Fremde krank und pflegebedürftig wird oder stirbt?

Klären Sie allenfalls ab, ob Sie vom Ausland her in ein schweizerisches Alters- oder Pflegeheim aufgenommen werden.

Wer die Landessprache gut kennt, ist im Vorteil

Dies sind nur einige Fragen, die man sorgfältig klären muss. Hinzu kommen zahlreiche weitere Dinge, die organisiert werden müssen.

Das alles braucht seine Zeit. Man sollte deshalb mindestens ein Jahr vor der definitiven Abreise mit der Planung beginnen.

Zur Vorbereitung gehört auch, dass künftige Auswanderer sich intensiv mit der Landessprache ihrer Wahlheimat befassen. Gute Grundkenntnisse sind unerlässlich, damit man sich im fremden Land rasch einlebt.

Wer die Landessprache spricht, ist nicht nur beim Einkaufen im Vorteil. Besonders beim Kontakt mit Amtsstellen und Handwerkern sind gute Sprachkenntnisse Gold wert.

■ **Aufenthaltsbewilligung:** Die bilateralen Abkommen über den freien Personenverkehr zwischen der Schweiz und der EU erleichtern das Einwanderungs-Prozedere beträchtlich: Eine gültige Identitätskarte, eine Kranken- und Unfallversicherung und ein Nachweis über ausreichende finanzielle Mittel – mehr braucht der heimatmüde Rentner nicht, wenn er seinen Wohnsitz in einen EU-Staat verlegen möchte.

Die Aufenthaltsbewilligung: Teils eine harzige Sache

In allen Ländern der EU erhalten Schweizer Rentnerinnen und Rentner eine Aufenthaltsbewilligung für fünf Jahre. Die Aufenthaltsbewilligung wird auf Antrag hin verlängert, solange die Voraussetzungen erfüllt sind. Die gleichen Regeln gelten auch für die Efta-Länder

Fortsetzung auf Seite 120

TIPP

Erfahrungen aus erster Hand

Wie leben Schweizer Rentner, die sich im Ausland niedergelassen haben? Im Rentner-Blog von Careguide berichten Schweizerinnen und Schweizer aus ihrem Rentneralltag in der neuen Heimat – subjektiv, unterhaltend und authentisch. So erhalten Sie nützliche Infos aus erster Hand: www.careguide.ch/blog.

INFO

Kosten für Konsumgüter und Dienstleistungen im Ausland

Nicht überall auf der Welt ist das Leben billiger als in der Schweiz. Preisvergleiche in verschiedenen Staaten zeigen auf, wo ein Schweizer dank seiner Kaufkraft den Lebensabend im Wohlstand verbringen kann und wo er seine Rente gut einteilen muss, damit er finanziell über die Runden kommt.

Lebenskostenindex (Basis: Schweiz = 100)

	UBS	OECD	A&S
Argentinien	37.4	–	51.9
Australien	79.8	76.0	78.1
Belgien	87.7	83.0	85.5
Brasilien	65.0	–	76.0
Dänemark	107.9	107.0	105.5
Deutschland	81.2	79.0	82.3
Finnland	96.9	96.0	94.1
Frankreich	94.5	82.0	88.9
Griechenland	74.1	70.0	75.5
Grossbritannien	104.8	74.0	89.4
Irland	102.0	102.0	98.9
Israel	67.4	–	74.1
Italien	80.6	80.0	83.3
Japan	89.8	78.0	87.6
Kanada	81.7	73.0	76.7
Luxemburg	93.1	80.0	86.7
Mexiko	50.4	47.0	55.1
Neuseeland	73.4	68.0	70.2
Niederlande	86.2	79.0	82.4
Norwegen	120.0	106.0	112.3
Österreich	94.2	78.0	87.8
Philippinen	47.8	–	54.6
Portugal	72.3	66.0	72.5
Schweden	97.8	89.0	91.1
Spanien	81.1	73.0	79.5
Südafrika	47.9	–	51.1
Thailand	52.9	–	57.5
Türkei	78.9	61.0	76.7
Ungarn	64.8	56.0	66.0
USA	83.2	64.0	74.7

Quelle: Bundesamt für Migration BFM

UBS-Index: Die UBS Schweiz erhebt Preise in 71 Städten. Berechnet werden die Kosten für eine Familie mit westeuropäischem Konsumstandard. Der UBS-Index eignet sich für Auslandschweizer in städtischen Verhältnissen (Stand: September 2008).

OECD-Index: Die OECD (Organisation für wirtschaftliche Zusammenarbeit und Entwicklung) berechnet einen Vergleichsindex für ihre 30 Mitgliedsländer. Als Basis dienen die amtlich publizierten Konsumentenpreise. Der OECD-Index gilt als Massstab für Personen, die sich gut im Land auskennen (Stand: September 2007).

A&S-Index: Das EDA (Eidgenössisches Departement für auswärtige Angelegenheiten) lässt in jenen 150 Städten Preise erheben, wo die Schweiz mit einer Botschaft oder einem Generalkonsulat vertreten ist. Aus diesen Werten berechnet das EDA einen Mittelwert mit einer Trendangabe für sechs Monate. Der A&S-Index stellt eine realistische Masszahl dar für Neuankömmlinge aus der Schweiz im ersten Jahr (Stand: September 2008).

Fortsetzung von Seite 118

Norwegen, Island und Liechtenstein.

Ausserhalb Europas ist man in zahlreichen Staaten eher zurückhaltend bei der Erteilung von Niederlassungsbewilligungen für ältere Einwanderer. Meist werden regelmässige Einkünfte und ein fest angelegtes Vermögen in bestimmter Höhe vorausgesetzt. Wie hoch die Summe sein soll, ist von Land zu Land verschieden.

Wer die finanziellen Voraussetzungen erfüllt, erhält in einigen Staaten wie etwa Australien, Thailand oder Costa Rica ein spezielles Rentnervisum, das auf Antrag verlängert werden kann.

Recht hoch ist die Hürde für eine dauerhafte Aufenthaltsbewilligung in den USA, Kanada, Neuseeland und Australien. Hier haben praktisch nur gut betuchte Rentner eine Chance.

Informationen zu den Einreise- und Aufenthaltsvorschriften von über 100 Staaten erhält man gratis beim Bundesamt für Migration BFM (Adresse siehe Kapitel 10).

■ **Lebenskosten:** Ein angenehmes Klima und niedrige Lebenskosten – das sind die Hauptgründe, weshalb viele Rentner der Schweiz den Rücken kehren. Tastächlich lässt es sich mit der AHV und dem Ersparten aus der Pensionskasse in manchen Ländern recht komfortabel leben. Viele Waren und Dienstleistungen sind im Ausland günstiger als in der Schweiz.

Dennoch sollte man die Lebenskosten im Gastland nicht unterschätzen. Eine schwache Währung ist kein Garant für ein billiges Leben.

Entscheidend bei Preisvergleichen ist vor allem die Kaufkraft: Wie viel können Sie sich mit Ihrem Geld in der Wahlheimat leisten? Ein Anhaltspunkt beim Planen des Budgets sind internationale Kaufkraftvergleiche (siehe Kasten auf der vorhergehenden Seite).

Dazu werden in zahlreichen Staaten die landesüblichen Preise für einen Warenkorb mit Dienstleistungen und alltäglichen Konsumgütern wie Lebensmittel, übrige Haushaltskosten, Wohnkosten, Kosten für den öffentlichen Verkehr erhoben.

Aber aufgepasst: Die Zahlen orientieren sich an einem lokalen Durchschnittshaushalt. Wer im Ausland den schweizerischen Lebensstandard aufrechterhalten will, wird um einiges höher budgetieren müssen.

■ **AVH- und Pensionskassen-Rente:** Einige Monate bevor Sie die Schweiz verlassen, müssen Sie die AHV-Ausgleichskasse und die Pensionskasse über den Domizil-

Fortsetzung auf Seite 122

TIPP

Zollvorschriften nicht vergessen

Wenn Sie beim Auswandern grössere Güter wie Möbel oder ein Auto oder Motorrad mitnehmen wollen, erkundigen Sie sich vorher über Zollvorschriften und Gebühren.

Alterswohnsitz im Ausland: Bei der Auszahlung der 2. und 3. Säule wird die Quellensteuer fällig

Kanton	Auszahlung 400 000 Franken	Auszahlung 600 000 Franken	Auszahlung 1 500 000 Franken
AG*	38 800	62 400	165 000
AI	32 075	49 275	124 500
AR	32 075	49 275	124 500
BE	36 075	55 275	139 500
BL	20 875	38 175	136 050
BS	36 825	58 025	151 250
FR	49 275	78 475	207 701
GE	30 684	48 928	129 975
GL	40 075	61 275	154 500
GR	56 075	85 275	214 500
JU	35 925	56 125	144 850
LU*	36 658	56 456	142 452
NE	36 415	55 785	140 775
NW	28 075	43 275	109 500
OW	29 819	45 891	116 100
SG	32 075	49 275	124 500
SH	28 000	42 000	105 000
SO	32 750	51 000	127 500
SZ	18 075	28 275	72 000
TG	36 075	55 275	139 500
TI	22 633	35 113	141 568
UR	25 275	39 075	99 000
VD*	43 264	71 934	185 340
VS	36 040	61 260	154 500
ZG	28 075	43 275	109 500
ZH	32 075	49 275	124 500

Lesebeispiel: Ein Steuerpflichtiger (Mann, verheiratet, 60 Jahre) mit Wohnsitz ausserhalb EU/Efta zahlt für eine Kapitalauszahlung von 600 000 Franken dem Kanton SZ 28 275 Franken. Dem Kanton GR müsste er 85 275 Franken, also das Dreifache, abführen.

*Unterschiedliche Tarife für Verheiratete bzw. eingetragene Partnerschaften und Alleinstehende

Quelle: Liberty Stiftung Schwyz, Stand 2009

Fortsetzung von Seite 120

wechsel informieren. Die AHV-Rente wird in der Landeswährung an jedem beliebigen Wohnort ausbezahlt, sofern die lokalen Gesetze dies zulassen. Wer möchte, kann sich seine AHV-Rente auch auf ein Konto in der Schweiz überweisen lassen.

Pensionskassen verlangen für Überweisungen fast immer ein Schweizer Konto. Den Geldtransfer ins Ausland müssen die Rentenbezüger dann selber veranlassen.

Oft wird auch eine Lebensbescheinigung verlangt; im Ausland lebende Rentnerinnen und Rentner müssen also regelmässig mit einem amtlichen Beleg nachweisen, dass sie noch am Leben sind und die Rente noch zu Recht beziehen.

Auch IV-Renten werden ins Ausland überwiesen. Eine Einschränkung gibt es jedoch bei Viertelsrenten: Sie werden nur in EU- und Efta-Staaten ausbezahlt. Ausserhalb der EU/Efta gibt es erst ab einem Invaliditätsgrad von mindestens 50 Prozent eine IV-Rente.

■ **Steuern:** Wer sich als Schweizerin oder Schweizer im Ausland niederlässt, untersteht dem Steu-

Fortsetzung auf Seite 124

INFO

Pensionskassengeld ins Ausland: Die Quellensteuer

Wer seinen Wohnsitz ins Ausland verlegt hat und dann das Pensionskassenkapital bar bezieht, bezahlt eine Quellensteuer. Diese richtet sich nach dem Steuerrecht am Sitz der Pensionskasse oder der Freizügigkeitseinrichtung (Bank oder Versicherung).

Je nach Kanton ist der Quellensteuersatz bei einem solchen Barbezug unterschiedlich hoch (siehe Tabelle auf Seite 121).

Wird ein solcher Kapitalbezug im Ausland noch einmal besteuert und der dortigen Steuerverwaltung gemeldet, können Betroffene die bezahlte Quellensteuer zurückfordern.

Allerdings: Falls das neue Wohnsitzland *kein* Doppelbesteuerungsabkommen mit der Schweiz hat, besteht kein Rückforderungsanspruch. Kein Anspruch besteht auch dann, wenn der Antragsteller in der Schweiz zuletzt bei einer öffentlich-rechtlichen Pensionskasse versichert war.

Übrigens: Bei PK-*Renten*zahlungen ins Ausland wird die Quellensteuer nicht abgezogen, falls ein Doppelbesteuerungsabkommen zwischen der Schweiz und dem betreffenden Land existiert (Ausnahme Kanada).

Die Vorsorgeeinrichtung muss sich in diesem Fall aber vergewissern, dass der Rentenempfänger seinen Wohnsitz wirklich im betreffenden Staat hat; dies muss sie anhand einer Lebens- bzw. Wohnsitzbestätigung periodisch nachprüfen.

Besteht kein Doppelbesteuerungsabkommen, unterliegen die ins Ausland ausbezahlten Pensionskassenrenten der Quellensteuer. Dann werden Pensionskassenrenten vom Bund mit 1 Prozent besteuert. Hinzu kommt je nach Kanton ein Quellensteuerabzug von 5 bis 20 Prozent der Bruttorente.

Diese Steuer kann in der Regel zurückgefordert werden, weil die laufenden Renten im jeweiligen Land direkt besteuert werden.

Tipp: Auf www.liberty-stiftung.ch finden Sie weitere Informationen sowie einen Quellensteuer-Rechner.

Steuern im Ausland: Von den Bahamas bis Dubai

Wer auswandern will, sollte sich vorgängig auch nach der Steuersituation in seinem Wunschland erkundigen. In vielen Ländern ist die Steuerbelastung nicht mehr höher als in der Schweiz. Doch einige typische Auswanderungsländer sind eigentliche Steuerhöllen, wogegen sich andere als Steuerparadiese entpuppen.

Land	Maximale Steuersätze in Prozent			
	Einkommen	Kapitalgewinn	Vermögen	Erbschaft/ Schenkung
Bahamas	0	0	0	0
Belgien	54,5 [1]	33	0	30–80 [2]
Cayman Islands	0	0	0	0
Deutschland	47,47	7,475 [3]	0	30–50
Finnland	52,5	28	0	16–32
Frankreich	40	26	1,8	40–60
Griechenland	40	20	0,1 [4]	1–40
Grossbritannien (GB)	40 [5]	18	0	40
Hongkong	16	0	0	0
Irland	41	20	0	20
Italien	12,5–44,01	23	0	4–8
Japan	50	52	0	50
Jersey (Kanalinsel)	20	0	0	0
Kanada	46,41 [6]	23,2	0	0
Kroatien	45	0	0	5
Malta	35	35	0	0
Mexiko	28	28	0	0
Monaco	0	0	0	16 [7]
Niederlande	52	0	0	27–68
Österreich	50	50	0	15–60
Portugal	42	20	0	10
Schweden	59,72	30	0	30
Schweiz	**19,1–45**	**0**	**0,1–1**	**0–49,5**
Singapur	20	0	10	0
Spanien	43	18	2,5	40,8–81,6
Ungarn	36	25–35	0	21–40
USA/Florida	35	15 [8]	0	45
VAE/Dubai	0	0	0	0

1 Zuzüglich kommunale Steuern von 5 bis 9 %
2 Nur auf Immobilienvermögen
3 Ausnahmen bei Kapitalgewinnen
4 Nur auf Immobilien
5 Für Ausländer teils nur auf Einkommen aus GB
6 Ontario
7 Nur auf Vermögenswerte in Monaco
8 Auf kurzfristigen Kapitalgewinnen bis zu 35 %

Quelle: Henley & Partners, Stand Mai 2009

Fortsetzung von Seite 122

errecht seines neuen Wohnsitzlandes und muss auch dort seine Steuern zahlen.

In bestimmten Fällen bleibt man aber in beschränktem Umfang auch in der Schweiz steuerpflichtig. Etwa dann, wenn man hier noch ein Geschäft oder Immobilien hat. Diese werden in der Schweiz besteuert, ebenso die Erträge daraus.

Auf Bankzinsen sowie Dividenden und Zinsen von Schweizerischen Obligationen erhebt die Schweiz weiterhin eine Verrechnungssteuer von 35 Prozent.

Zudem unterliegen gewisse Einkünfte einer Quellensteuer in der Schweiz. AHV-Renten fallen nicht darunter, falls der Empfänger im Ausland wohnt. Deren Besteuerung erfolgt erst im Aufenthaltsland.

Anders bei Barauszahlungen der Pensionskasse und der Säule 3a: Hier erhebt die Schweiz in den meisten Fällen eine Quellensteuer, die von Kanton zu Kanton unterschiedlich ist (siehe Tabelle auf S. 121 und Kasten auf S. 122).

Die Doppelbesteuerungsabkommen mit über 70 Staaten verhindern, dass dasselbe Vermögen oder Einkommen an zwei Orten versteuert werden muss. Je nach Situation verzichtet dann die Schweiz auf die Quellensteuer oder erstattet sie auf Antrag zurück.

Die Verrechnungssteuer zurückverlangen

In der Regel können Betroffene auch die Verrechnungssteuer zu-

---

INFO

Pensionskasse: Nur noch beschränkter Vorbezug

Mit 55 den Job an den Nagel hängen, das ganze Pensionskassengeld kassieren – und ab ins Ausland: Das klingt verlockend, doch so einfach geht das heute nicht mehr.

Seit dem 1. Juni 2007 gelten neue Regeln. Wer in ein EU- oder Efta-Land auswandert, kann das Pensionskassenkapital nur noch vom überobligatorischen Teil der 2. Säule beziehen. Das Geld aus dem obligatorischen Pensionskassenguthaben muss auf ein Freizügigkeitskonto oder alternativ auf ein Wertschriftendepot der 2. Säule angelegt werden. Frauen können das Kapital frühestens mit 59, Männer mit 60 Jahren beziehen.

Eine Ausnahme gibt es: Ein vorzeitiger Bezug des Pensionskassengeldes ist möglich, wenn Sie damit ein Eigenheim im neuen Wohnsitzland kaufen. Hierfür gelten die gleichen Bestimmungen wie in der Schweiz.

Neue Regeln gelten auch für die freiwillige AHV. So ist es für Frührentner, die in ein EU- oder Efta-Land auswandern, nicht mehr möglich, weiterhin in die freiwillige AHV einzuzahlen und damit ihre Rente aufzubessern.

Diese Bestimmungen sind eine Folge der bilateralen Abkommen zwischen der Schweiz und der EU. Wer sich ausserhalb der EU/Efta niederlässt, ist davon nicht betroffen.

rückfordern, falls mit dem Wohnsitzstaat ein Doppelbesteuerungsabkommen besteht – natürlich immer vorausgesetzt, die Einkünfte werden im Wohnsitzland versteuert.

Jedes Land hat seine eigenen Steuergesetze, und es ist von Vorteil, wenn man sich näher mit der Steuersituation seiner Wahlheimat befasst, bevor man die Schweiz verlässt.

Wer möglichst viel von seinem Geld behalten möchte, zieht in ein Land, in welchem auch ein angenehmes Steuerklima herrscht; zum Beispiel nach Malta oder Kroatien, wo ausländische Rentner praktisch keine Steuern zahlen.

Eher ungünstig sind hingegen die beliebten Destinationen Deutschland, Frankreich und Spanien, wo Renten hoch besteuert werden (siehe Tabelle auf S. 123).

In Frankreich und Spanien fallen zudem die sehr hohen Erbschaftssteuern negativ ins Gewicht.

Krankenversicherung im Ausland

Das eidgenössische Krankenversicherungsgesetz (KVG) sieht die obligatorische Grundversicherung nur für Personen mit Domizil in der Schweiz vor. Wer seinen Wohnsitz ins Ausland verlegt, braucht eine neue Versicherung, die für Krankheits- und Unfallkosten am neuen Wohnort aufkommt.

Bis vor kurzem wäre dafür in jedem Fall eine private Krankenversicherung notwendig gewesen. Doch seit die bilateralen Abkommen zwischen der Schweiz und der Europäischen Union (EU) in Kraft sind, hat sich die Situation geändert für Auslandschweizer, die in einem EU- oder Efta-Staat wohnen.

Jetzt können sich alle Rentnerinnen und Rentner, die in diesen Ländern wohnen und die eine AHV-, IV-, Unfall- oder Pensionskassen-Rente ausschliesslich aus der Schweiz beziehen, zu den Bedingungen der hiesigen Grundversicherung bei einer Schweizer Krankenkasse versichern lassen.

Gemäss Sozialversicherungsabkommen mit der EU sind sie sogar dazu verpflichtet, sich in der Schweiz gegen Krankheit und Unfall zu versichern, wenn sie keine Rente von ihrem Aufenthaltsland beziehen. Das gilt in der Regel auch für deren Familienangehörige, sofern diese nicht arbeiten.

Schweizer Krankenkasse für Auslandschweizer

In einigen EU-Staaten (Deutschland, Frankreich, Italien, Österreich, Portugal und Spanien) haben Bezüger einer Schweizer Rente die Wahl zwischen einem Versicherer im Wohnstaat und einer schweizerischen Krankenkasse.

Einzige Ausnahme ist Liechtenstein. Wer seinen Wohnsitz im «Ländle» hat, muss dort auch die Kranken- und Unfallversicherung abschliessen.

Alle grösseren Krankenkassen in der Schweiz bieten für Auslandschweizerinnen und -schweizer eine spezielle Versicherung für die EU-/Efta-Länder an. Diese Ausland-Versicherung untersteht dem

KVG und ist vergleichbar mit der obligatorischen Grundversicherung in der Schweiz. Das heisst, die Krankenkasse darf keine Gesundheitsprüfung verlangen und keine Altersgrenzen setzen. Sie muss jeden Antragsteller aufnehmen, unabhängig von Alter und Gesundheitszustand.

Die Versicherten erhalten am ausländischen Domizil die gleichen medizinischen Leistungen wie die einheimische Bevölkerung, und sie müssen auch die dort vorgesehene Kostenbeteiligung zahlen. Wahlfranchisen und Zusatzversicherungen gibt es keine.

Die Schweizer Krankenkassen berechnen separat für jeden EU-Staat eine Prämie, die auf den lokalen Kosten basiert. Daraus ergeben sich von Land zu Land teilweise grosse Prämienunterschiede. So kostet zum Beispiel die Monatsprämie inklusive Unfall für Griechenland zwischen 120 und 215 Franken, für den Versicherungsschutz in Frankreich zahlt ein Auslandschweizer 320 bis 500 Franken. Ähnlich teuer sind Spa-

CHECKLISTE

Das Wichtigste zur EU-/Efta-Grundversicherung

- **EU-Länder sind:** Belgien, Bulgarien, Dänemark, Deutschland, Estland, Finnland, Frankreich, Griechenland, Irland, Italien, Lettland, Litauen, Luxemburg, Malta, Niederlande, Österreich, Polen, Portugal, Rumänien, Schweden, Slowakei, Slowenien, Spanien, Tschechien, Ungarn, Vereinigtes Königreich (Grossbritannien und Nordirland), Zypern. **Efta-Staaten sind:** Liechtenstein, Norwegen und Island.
- Informieren Sie rechtzeitig Ihre Krankenkasse über den bevorstehenden Umzug.
- Wer seine AHV-, IV-, Unfallversicherungs- oder Pensionskassenrente nur aus der Schweiz bezieht, muss bei einer Schweizer Krankenkasse eine EU-/Efta-Grundversicherung für das betreffende Land abschliessen.
- Auslandschweizer in Deutschland, Frankreich, Italien, Österreich, Portugal und Spanien können wählen zwischen einer Krankenkasse in ihrem Wohnland oder in der Schweiz.
- Die Ausland-Grundversicherung übernimmt in jenem Land, in dem Sie Ihren Wohnsitz haben, die Kosten eines Arztbesuchs oder eines Spitalaufenthalts. Für Behandlungen in der Schweiz kommt die Versicherung in der Regel nur dann auf, wenn es sich um einen medizinischen Notfall handelt und wenn Sie nicht extra für die Behandlung einreisen.
- Wer in der Schweiz versichert ist und in Deutschland, Österreich, Belgien, Frankreich, Ungarn oder in den Niederlanden wohnt, kann sich wahlweise in seinem Wohnland oder in der Schweiz ärztlich behandeln lassen.
- Wer in bescheidenen finanziellen Verhältnissen lebt, hat in EU-/Efta-Ländern Anspruch auf die Prämienverbilligungen der Kantone.
- Sie können sich von der Versicherungspflicht befreien lassen und eine freiwillige, private Krankenversicherung fürs Ausland abschliessen. Deren Leistungen müssen mindestens gleichwertig sein wie die der gesetzlichen Grundversicherung für die EU/Efta.
- Antragsformulare und weitere Informationen erhalten Sie bei der Gemeinsamen Einrichtung KVG, Postfach, 4503 Solothurn, Tel. 032 625 48 20, www.kvg.org.
- Prämientabellen für viele Länder gibts beim Bundesamt für Gesundheit BAG, Prämien-Service, 3003 Bern, Tel. 031 324 88 01 oder im Internet unter www.bag.admin.ch → Themen → Krankenversicherung → Internationales/EU/Efta → Prämien EU/Efta.

FRAGE

Rückkehr? Was geschieht mit der Zusatzversicherung?

Ich bin seit einem Jahr Rentner und möchte nach Spanien auswandern. Nun habe ich Angst, dass mich bei einer allfälligen Rückkehr in die Schweiz keine Krankenkasse mehr aufnimmt wegen meines Alters. Was soll ich tun?

Sobald Sie sich wieder in der Schweiz anmelden, unterstehen Sie dem Obligatorium. Jede Krankenkasse muss Sie also in die Grundversicherung aufnehmen – unabhängig von Ihrem Alter und Gesundheitszustand.

Allerdings dürfte es für Sie schwierig sein, neu eine Zusatzversicherung abzuschliessen. Wenn für Sie eine spätere Rückkehr in die Schweiz wahrscheinlich ist, kann es sich deshalb lohnen, eine bestehende Zusatzversicherung wie Spital privat oder halbprivat vor der Abreise ins Ausland nur zu sistieren und nicht zu kündigen.

Während dieser Zeit zahlen Sie in der Regel nur eine geringe Prämie. Bei Ihrer Rückkehr in die Schweiz werden Ihre Policen dann wieder reaktiviert.

---

nien, Deutschland, Italien, Grossbritannien und die skandinavischen Länder.

Jeder Versicherte ab 25 Jahren zahlt bei seiner Krankenkasse für ein bestimmtes Land gleich viel. Allerdings gibt es auch hier teure und günstige Anbieter. Es lohnt sich auf jeden Fall, die Prämien zu vergleichen. Die Preisdifferenz kann pro Monat 100 Franken und mehr betragen. Die Leistungen sind jedoch bei jeder Krankenkasse gleich, da sie sich nach den Bestimmungen des Wohnstaates richten.

■ **Behandlung im Krankheitsfall in EU- und Efta-Staaten:** Auch wenn sie bei einer Schweizer Krankenkasse versichert sind, haben Auslandschweizer in diesen Ländern grundsätzlich keinen Anspruch auf eine Behandlung in der Schweiz. In der Regel kommt die EU-Versicherung nur bei medizinischen Notfällen für Pflegeleistungen ausserhalb des Wohnstaates auf. Wer für eine Behandlung extra in die Schweiz einreisen möchte, sollte sich vorher bei der Krankenkasse erkundigen, ob die Kosten übernommen werden.

Es gibt aber auch hier Ausnahmen: Wer in der Schweiz versichert ist und in Deutschland, Österreich, Belgien, Frankreich, Ungarn oder in den Niederlanden lebt, kann wählen, ob er sich in seinem Wohnland oder in der Schweiz behandeln lassen will.

Mit der EU-Krankenversicherung ist die kostenlose medizinische Grundversorgung bei Krankheit und Unfall in der Wahlheimat gewährleistet. Die Leistungen richten sich nach dem Standard des Gesundheitssystems im jeweiligen Land.

Für manche Schweizerinnen und Schweizer mag dies zu wenig sein. Wer Wert legt auf eine Krankenversicherung, die ihm alle gewohnten Annehmlichkeiten bietet, wie etwa freie Arzt- und Spitalwahl, Einzelzimmer, Behandlung in der

Schweiz, der kann auch eine private Kranken- und Unfallversicherung mit Ausland-Deckung abschliessen.

■ **Krankenversicherung für andere Staaten:** In Staaten ausserhalb Europas gibt es für Auslandschweizer in der Regel keinen gesetzlichen Versicherungsschutz wie in den EU-/Efta-Staaten. Um seine Kranken- und Unfallversicherung muss sich also jeder und jede selber kümmern. Von Fall zu Fall ist abzuklären, welche Versicherungsmöglichkeiten es im Gastland gibt – und ob die Leistungen den persönlichen Ansprüchen genügen.

Für Ausländer dürfte es jedoch recht schwierig sein, die Angebote lokaler Krankenversicherer zu prüfen und zu vergleichen.

Wer auf Nummer sicher gehen will, schliesst am besten in der Schweiz eine private Krankenversicherung mit weltweiter Deckung ab. Einige grössere Krankenkassen wie KPT und CSS bieten solche Produkte für Auslandschweizer an. Weitere Informationen finden sich etwa bei Soliswiss, www.soliswiss.ch.

Allerdings: Diese privaten Versicherungen sind in der Regel teuer, die Krankenkasse kann Alterslimiten setzen, eine Gesundheitsprüfung verlangen und eine Person ablehnen.

Nicht ganz einfach: Immobilienkauf im Ausland

Die meisten Schweizer Rentner, die es ins Ausland zieht, erwerben in der Wahlheimat ein Haus als Altersresidenz. Noch sind in vielen Ländern rund ums Mittelmeer Immobilien um einiges günstiger zu haben als in der Schweiz. Denken Sie allerdings daran, dass Schweizer Banken in der Regel für Immobilienkäufe im Ausland keine Hypotheken gewähren.

Am häufigsten kaufen Schweizerinnen und Schweizer eine Wohnung oder ein Haus in Frankreich, Spanien, Italien und Portugal. Auch Florida ist beliebt und neuerdings Kroatien, Malta, die Bahamas sowie Kanada, Schweden und Irland.

Die meisten EU-Länder kennen praktisch keine Beschränkungen für Schweizer, die eine Immobilie kaufen möchten. Italien wendet das Prinzip der Gegenseitigkeit an: Da Ausländer in der Schweiz nur beschränkt Immobilien erwerben können, dürfen Schweizer umgekehrt in Italien nur Grundstücke bis maximal 1000 Quadratmeter kaufen.

INFO

Weitere Versicherungen

Vergessen Sie nicht, neben der Krankenkasse auch die anderen Versicherungen wie Hausrat-, Haftpflicht- und Motorfahrzeugversicherung aufzulösen und rechtzeitig im Ausland neu abzuschliessen. Motorfahrzeugversicherungen kann man eventuell bei einer Auslandsfiliale der bisherigen Gesellschaft weiterführen und dabei gleich die Bonusstufe behalten.

Einschränkungen praktizieren auch Österreich und Griechenland. In Kroatien gibts schmucke Häuser bereits ab 50 000 Euro, doch hier dürfen Ausländer überhaupt keine Grundstücke erwerben.

Das lässt sich aber leicht und völlig legal umgehen: Man gründet einfach eine kroatische Gesellschaft – und ersteht die Immobilie dann unter deren Namen.

In den USA und in Kanada ist der Immobilienmarkt für Ausländer ebenfalls offen, allerdings gibt es hier für Rentner nicht ohne weiteres eine dauerhafte Aufenthaltsbewilligung. In den USA erhalten Rentner in der Regel nur ein Touristenvisum für sechs Monate, ausser sie tätigen gleich Investitionen in Millionenhöhe.

Das heisst: Wer zum Beispiel in Florida ein Haus kauft, darf es nur

CHECKLISTE

Das ist vor dem Hauskauf im Ausland zu klären

Bevor man einen Kauf- oder auch einen Vorvertrag unterschreibt, sollte man alle wesentlichen rechtlichen und steuerlichen Aspekte abklären:
- Rechtmässiges Eigentum und Verfügungsberechtigung des Verkäufers.
- Bestehende Belastungen und Rechte auf dem Grundstück.
- Nachweis, dass sämtliche Steuern und Abgaben bezahlt worden sind.
- Schriftliche Garantie, dass keine Miet- und Pachtverträge bestehen.
- Bei Eigentümergemeinschaften: Protokolle der letzten Versammlungen sowie Bestätigung, dass keine Zahlungsverpflichtungen mehr bestehen.

Im **Kaufvertrag** müssen alle Punkte aufgeführt sein, die eine einwandfreie Eigentumsübertragung garantieren:
- Genaue Bezeichnung der Vertragsparteien.
- Exakte Beschreibung des Kaufobjekts, also etwa genaue Bezeichnung des Grundstücks, der Dienstbarkeiten und der Grundpfandrechte.
- Versprochene Leistungen wie Reparaturen, die vom Verkäufer übernommen werden sollen, sind ebenfalls genau zu regeln. Dazu gehört auch die Regelung von Fristen und Nachbesserungsansprüchen.
- Kaufpreis, Zahlungsweise, Zahlungsfristen.
- Wenn Sie Ausstattungsgegenstände wie Tumbler, Geschirrspüler, Einbauschränke, Lampen, Gartenzaun, Satellitenschüssel mitkaufen, müssen diese im Vertrag klar aufgelistet werden. Formulierungen wie «Kauf wie besichtigt» sind zu vermeiden.
- Genauer Zeitpunkt der Eigentumsübertragung.
- Zeitpunkt des Übergangs von Rechten und Pflichten an den Käufer beziehungsweise Nutzen und Gefahr.
- Sicherstellung und Verzinsung von Anzahlungen und Restzahlungen.
- Sicherstellung von Steuerforderungen, speziell der Grundstückgewinnsteuer.
- Garantieleistungen bei Mängeln.
- Regelung von Miet- und Pachtverträgen.
- Allfällige Konventionalstrafen, Reuegelder oder Ähnliches.
- Gerichtsstand und anwendbares Recht.

> **INFO**
>
> ### Schwarzgeldzahlungen: Ein riskantes Geschäft
>
> «Unterverbriefung» nennen Juristen Schwarzgeldzahlungen beim Immobilienkauf. Doch die Zahlungen unter dem Tisch sind Betrug und werden in allen Ländern bestraft. Der so zustande gekommene Kauf wird in vielen Ländern zudem für ungültig erklärt. Das Problem: Etwa in Spanien und Italien sind Schwarzgeldzahlungen üblich und werden vom Verkäufer praktisch vorausgesetzt. Damit spart der Käufer zwar Grunderwerbssteuern, der Verkäufer dagegen Wertzuwachssteuern, die sehr viel stärker ins Gewicht fallen können.
>
> Das rächt sich spätestens, wenn man seine Liegenschaft weiterverkaufen will. Denn nun gilt der «offizielle» (tiefe) Preis als Basis zur Berechnung des Wertzuwachses und damit der Grundstückgewinnsteuer. So ist man dann seinerseits versucht, einen Teil des Kaufpreises schwarz zu kassieren, um Steuern zu sparen. Und der Teufelskreis dreht sich weiter.
>
> Zudem stellt sich die Frage, wann das Schwarzgeld übergeben werden soll: Vor der Beglaubigung? Dann riskiert man, dass sich der Verkäufer damit aus dem Staub macht. Mit einer Barzahlung erst nach Vertragsunterzeichnung wird der Verkäufer kaum einverstanden sein. Gerät man an den Falschen, ist das Geld praktisch uneinklagbar verloren.

sechs Monate im Jahr bewohnen. Und die Behörden greifen hart durch, wenn der Verdacht besteht, dass jemand kurz das Land verlässt, nur um danach sein Visum wieder zu erneuern.

Profiberatung bewahrt vor teuren Fehlern
Ebenfalls tückisch ist ein Hauskauf in Thailand. In diesem exotischen Ferienparadies dürfen Ausländer weder Grundstücke noch Häuser erwerben.

Um den Kauf einer Liegenschaft zu ermöglichen, bieten thailändische Treuhandgesellschaften oder Strohmänner gerne kaufwilligen Ausländern ihre Dienste an. Das Risiko für den Käufer ist allerdings hoch; schon mancher Käufer wurde bei einem solchen Geschäft leichte Beute von zwielichtigen Gaunern.

Nur ja nichts überstürzen, lautet die Devise beim Kauf einer Immobilie im Ausland. Wer überzeugt ist, im sonnigen Süden sein Traumhaus gefunden zu haben, sollte sich von der Ferienidylle nicht blenden lassen und mit kühlem Kopf an die Sache herangehen.

Ohne genaue Vorabklärungen und die Unterstützung durch einen ortskundigen Berater ist die Gefahr sehr gross, dass der «reiche» Ausländer beim Kauf über den Tisch gezogen wird. Im Endeffekt kommt dies dann teurer zu stehen als das Honorar für eine professionelle Beratung.

Die häufigsten Fehler dabei sind erstens, dass man die genannten Preise akzeptiert, ohne zu verhandeln, und dass man das Wunschobjekt nicht gründlich genug überprüft oder überprüfen lässt.

Die Kriterien bei der Auswahl des richtigen Objekts sind grundsätzlich gleich wie bei einem Hauskauf im Inland: Entscheidend ist die Lage. Idealerweise liegt die Immobilie an ruhiger, idyllischer Lage, aber trotzdem in unmittelbarer Nähe einer Stadt mit internationalem Flughafen. Genau das wollen jedoch alle, entsprechend hoch sind an solchen Orten die Preise.

Bei der Immobilie selbst sind nicht nur Grösse und Form wichtig, sondern auch Aussicht, Besonnung und Windausrichtung. Der Mistral, ein kalter Nordwind in Südfrankreich, kann einem das Vergnügen am Sonnenbad völlig vermiesen, wenn kein Windschutz vorhanden ist. Und Gischt und Meereswind können Fenster, Türen und sogar die Hauskonstruktion rasch korrodieren lassen, wenn keine geeigneten Baumaterialien verwendet wurden.

Wichtig: Die Beurteilung der Bausubstanz

Der wichtigste Punkt beim Kauf einer bestehenden Liegenschaft ist die fachgerechte Beurteilung der Bausubstanz. Während sich wohl jeder Laie rasch ein Bild über den Zustand von Anstrichen, Apparaten und Bodenbelägen machen kann, ist die Qualität anderer Bauteile oft sehr viel schwieriger zu erfassen. Wer verhindern möchte, dass der Erwerb einer Altliegenschaft zum Fass ohne Boden wird, sollte daher das Objekt als Ganzes von einer oder mehreren kompetenten Fachperson(en) beurteilen lassen.

Auch die Haustechnik und die Installationen sind genau zu prüfen: Gibt es Telefon-, Internet- und Fernsehanschlüsse? Sind Trink- und Abwasserversorgung gesichert? Ist der Öltank ins Erdreich eingegraben oder hat es eine Schutzwanne, die im Notfall eine Umweltkatastrophe verhindert? Wird der Swimmingpool regelmässig gewartet? Braucht es für Um- und Ausbauten eine Bewilligung?

Ein Ferienaufenthalt am Ort kann Klarheit bringen

Vor dem Kauf ist es ratsam, erst einmal für einige Zeit ein ähnliches Objekt in der gleichen Gegend zu mieten. Oder man mietet gleich das gewünschte Haus und lässt sich wenn möglich den Mietzins bei einem allfälligen Kauf anrechnen. Dann sollte man während der klimatisch unangenehmsten Zeit ein paar Wochen dort verbringen.

Ob der geforderte Preis angemessen ist, zeigt ein Blick in den Immobilienanzeiger der Lokalzeitung oder ein Gespräch mit den künftigen Nachbarn. Da auch Immobilienpreise Zyklen unterliegen, empfiehlt es sich, nicht gerade dann einzusteigen, wenn die Preise im Verlauf der letzten Jahre stetig angezogen haben.

Als nächsten Punkt gilt es alle Dienstbarkeiten abzuklären: Bestehen Nutzniessungs-, Weg- oder Durchfahrtsrechte? Lasten Baubeschränkungen, Grundpfandrechte oder Hypotheken auf der

Immobilie? Und schliesslich gilt es, die genauen Besitzverhältnisse seriös abzuklären. Das ist in vielen Ländern gar nicht so einfach, denn nicht überall ist das Grundbuch so korrekt geführt wie in der Schweiz.

In Spanien zum Beispiel ist es nicht zwingend, einen Grundstückhandel im Grundbuch eintragen zu lassen. Ein Handschlag oder ein Kaufvertrag genügt, um das Geschäft rechtsgültig abzuschliessen.

Auch in Frankreich ist bereits der Kaufvertrag einklagbar. Der Grundbucheintrag dient dann einzig zu Beweiszwecken.

In einigen Ländern, etwa in den USA, ist es deshalb üblich, die Eigentumsrechte über eine «title insurance», eine Rechtstitel-Versicherung, abzusichern.

Denken Sie an die diversen Steuern ...
In steuerlicher Hinsicht ist ein Liegenschaftenerwerb ziemlich klar geregelt. International gilt grundsätzlich: Liegenschaften werden dort besteuert, wo sie stehen.

Zusätzlich kann es jedoch vorkommen, dass Immobilienwert und -ertrag auch noch am Wohnort beziehungsweise im Heimatland des Eigentümers besteuert werden. In den meisten Fällen verhindert oder mildert diesen grossen Nachteil ein Doppelbesteuerungsabkommen. Doch selbst dann hat der Immobilienbesitz im Heimatland des Besitzers Steuerfolgen. Vermögen und Einkommen aus ausländischem Wohneigentum müssen direkt zwar nicht noch einmal versteuert werden, führen aber zu höheren Steuern, weil sie zur Bemessung der Progression beigezogen werden.

Meist fallen beim Kauf einer Liegenschaft Grunderwerbssteuern an, die mindestens 5 Prozent des Immobilienwerts ausmachen können (in Griechenland 11 Prozent).

Bei Neubauten ist diese Steuer nicht fällig, dafür gibts eine Mehrwertsteuer. In den meisten europäischen Ländern liegt sie um 20 Prozent, für Neubauten kennen einzelne Länder auch tiefere Sätze.

... und an die verschiedensten Gebühren
Für Notariats- und Registergebühren muss man 1 bis 3 Prozent veranschlagen. Hinzu kommen eventuell Anwaltskosten (in Griechenland obligatorisch). In den angelsächsischen Ländern wickeln ausschliesslich Anwälte einen Grundstückshandel ab. Dafür entfallen die Notariatskosten.

So oder so: Es lohnt sich, einen Kostenvoranschlag einzuholen und allenfalls ein Pauschalhonorar zu vereinbaren.

Fast überall ausser in Malta sind jährliche Grundsteuern fällig. Wer seine Liegenschaft vermietet, muss Steuern auf den Ertrag abführen. Einige Länder kennen wie die Schweiz einen Eigenmietwert. Und auch eine Vermögenssteuer wird in manchen Ländern darauf erhoben. In Spanien beispielsweise kann sie bis zu 2,5 Prozent ausmachen, üblich sind 1 bis 1,5 Prozent.

In einigen Ländern sind hohe Erbschaftssteuern fällig

Wer eine Immobilie im Ausland erwirbt, sollte sich genau erkundigen, welches Erbrecht angewendet wird. Besonders schwer macht es ausländischen Immobilieneigentümern das französische Erbrecht. Selbst Erbverträge werden dort kaum einmal anerkannt. Und aufgrund der französischen Pflichtteilsregelung zugunsten der Kinder hat der hinterbliebene Ehepartner nur äusserst bescheidene Erbansprüche. Nur durch ein Testament oder durch eine Übertragung zu Lebzeiten kann dieser Nachteil gemildert oder gar vermieden werden.

Andere Staaten hingegen, so zum Beispiel Italien und Spanien, lassen es zu, dass Immobilien nach dem Heimatrecht der verstorbenen Person, also beispielsweise nach schweizerischem Recht, vererbt werden.

Die Bahamas kennen keine Erbschaftssteuern, in den USA können sie auf Immobilien bis zu 55 Prozent betragen. Und auch in den meisten EU-Staaten zahlt man sehr hohe Erbschaftssteuern. Unter nahen Verwandten betragen sie normalerweise zwischen 20 und 30 Prozent, für Nichtverwandte bis zu 60 Prozent (Frankreich) – in Extremfällen bis über 80 Prozent.

Ein wertvoller Nachlass, der an einen sehr vermögenden Erben geht – was neben dem Verwandtschaftsgrad ebenfalls berücksichtigt wird –, kann in Spanien den Höchststeuersatz von 81,6 Prozent auslösen, was praktisch einer Enteignung gleichkommt. Die Spanier drücken sich häufig darum, indem sie ganz einfach «vergessen», die Behörden über eine Erbschaft zu informieren, bis die fünfjährige Verjährungsfrist abgelaufen ist.

Für Schweizer Käufer ist das nicht unwichtig, weil es häufig vorkommt, dass sie eine Liegenschaft erwerben, die wegen nicht bezahlter Erbschaftssteuern fünf Jahre nicht verkauft werden dürfte. Um nicht selbst in die Erbschaftssteuerfalle zu tappen, empfiehlt es sich, noch zu Lebzeiten die Kinder direkt als Eigentümer einzusetzen.

10 Adressen, Mustervorlagen, Stichwörter
Hier finden Sie Beratung, Infos und Tipps

Ratgeber aus dem K-Tipp-Verlag

Beim Herausgeber dieses Pensionierungsbuches sind viele weitere nützliche Ratgeber erhältlich. Einige von ihnen enthalten auch vertiefte Informationen zu Themen, die in diesem Buch zur Sprache kommen:

- **Gut vorsorgen: Pensionskasse, AHV und 3. Säule**
Was Sie über die drei Säulen wissen müssen. Was die Vorsorge kostet und was Sie später erhalten.

- **Erben und Vererben**
Vom Testament bis zur Erbteilung: Alles über Erbvorbezüge, Ehe- und Erbverträge, Willensvollstrecker und Pflichtteile.

- **So sparen Sie Steuern**
Die wichtigsten Tipps zum Steuernsparen.

- **So sind Sie richtig versichert**
Autoversicherung, Privathaftpflicht- und Hausratversicherung, Lebensversicherung, Rechtsschutz, Reiseversicherung, Krankenversicherung, Risikoversicherung und Gebäudeversicherung.

- **Unfall-Opfer: Das sind ihre Ansprüche**
Was die Versicherungen zahlen. Und was Unfall-Opfer erhalten, wenn ein Dritter haftpflichtig ist.

- **Die Rechte der Patienten**
Tipps für den richtigen Umgang mit Ärzten und Spitälern.

- **Die wichtigsten Verträge**
Übersicht über die häufigsten Verträge des Alltags. Mit Mustervorlagen.

- **Trennung und Scheidung**
Alles Wichtige zum Scheidungsrecht.

- **Die eigenen vier Wände**
Bauen, kaufen, renovieren: Tipps für Bauherren und Wohneigentümer.

- **Umbauen und renovieren**
Tipps und Checklisten für den pannenfreien Tapetenwechsel.

- **Das eigene Auto: So fahren Sie am günstigsten**
Die wichtigsten Informationen zu Kauf, Leasing, Sicherheit, Unterhalt und Budget.

- **Betreibung, Pfändung, Privatkonkurs**
Vom Zahlungsbefehl bis zum Verlustschein: Wie Gläubiger zu ihrem Geld kommen. Und wie sich Schuldner gegen unberechtigte Forderungen zur Wehr setzen können.

- **Schnäppchen: So erhalten Sie mehr fürs Geld**
Die besten Tipps für Haushalt, Ferien, Freizeit und Mode. Mit Adressen für Einkäufe ab Fabrik.

- **Das Internet sinnvoll nutzen**
Inkl. Anleitung für die eigene Homepage.

- **Digital-Fotografie**
Kamerakauf- und -bedienung, Bildbearbeitung, Archivierung.

- **Fit im Alltag**
So bringen Sie mehr Bewegung ins Leben.

- **Erholsam und gesund schlafen**
Schlafprobleme vermeiden und behandeln.

- **Essen und trinken: Tipps für eine gesunde Ernährung**
Inkl. alle E-Nummern auf einen Blick.

- **Schön sein, gesund bleiben**
Kosmetika und Behandlungen im Dienste der Schönheit: Grenzen und Risiken.
- **Alternative Heilmethoden**
85 Therapien im Überblick: Möglichkeiten und Grenzen der sanften Medizin.

Bestellen können Sie die Bücher über Telefon 044 253 90 70 oder im Internet auf www.ktipp.ch
Mail: ratgeber@ktipp.ch
Postadresse:
K-Tipp-Ratgeber
Postfach 431
8024 Zürich

Beratung

Pro Senectute
Pro Senectute ist die Fach- und Dienstleistungsorganisation im Dienste der älteren Menschen mit einem sehr breiten Angebot.

Die Pro Senectute informiert, berät und veranstaltet Kurse unter anderem in den Bereichen Bildung und Kultur, Sport und Bewegung, Gesundheitsförderung und Prävention. Daneben leistet sie auch konkrete Unterstützung mit persönlichen Dienstleistungen zu Hause und Gemeinwesenarbeit.

Die Pro Senectute unterhält kantonale und regionale Organisationen; die Adressen sind auf der Website zu finden oder bei:
Pro Senectute Schweiz
Geschäfts- und Fachstelle
Lavaterstrasse 60, Postfach
8027 Zürich
Telefon 044 283 89 89
www.pro-senectute.ch

Zeitlupe
Die Zeitlupe ist das Magazin der Pro Senectute.
Zeitlupe
Schulhausstrasse 55
8027 Zürich
Telefon 044 293 89 00
www.zeitlupe.ch

VZ Vermögenszentrum
Das VZ Vermögenszentrum ist ein unabhängiges Finanzdienstleistungsunternehmen mit mehreren Niederlassungen in der Schweiz. Es berät Privatpersonen und Firmen in allen Fragen zu Geldanlagen, Hypotheken, Steuern, Versicherungen sowie bei Pensionierungs- und Nachlassplanungen.
Hauptsitz:
VZ Vermögenszentrum
Beethovenstrasse 24
8002 Zürich
Telefon 044 207 27 27
Niederlassungen in Aarau, Baden, Basel, Bern, Genf, Lausanne, Liestal, Luzern, Neuenburg, Rapperswil, St. Gallen, Thun, Winterthur und Zug.
www.vermoegenszentrum.ch

Amtliche und halbamtliche Stellen und Behörden

Bundesamt für Migration
Das BFM stellt Merkblätter und detaillierte Länderinformationen für den Download zur Verfügung und gibt viele weitere Infos.
Bundesamt für Migration (BFM)
Quellenweg 6
3003 Bern-Wabern
Telefon 031 32 42 02
www.swissemigration.ch

EDA
Eidg. Departement für auswärtige Angelegenheiten (EDA)
Bundesgasse 32, 3003 Bern
Telefon 031 322 21 11
www.eda.admin.ch
Reisehinweise für Schweizer Bürger, die ins Ausland reisen:
Telefon 031 323 84 84
www.eda.admin.ch → Reisehinweise

Konsularischer Schutz
Telefon 031 324 98 08
Adressen der schweizerischen Vertretungen unter
www.eda.admin.ch → Vertretungen

Auslandschweizerdienst
Telefon 031 324 23 98
Publikationen und Merkblätter zum Download unter
www.eda.admin.ch → Dienstleistungen → Auslandschweizer-Innen → Publikationen Auslandschweizerdienst

Auslandschweizer-Organisation
Alpenstrasse 26, 3006 Bern
Telefon 031 356 61 00
www.aso.ch

Genossenschaft Solidaritätsfonds der Auslandschweizer und Soliswiss AG
Der Solidaritätsfonds der Auslandschweizer Soliswiss bietet diverse Versicherungsprodukte im Bereich der privaten Vorsorge an.
Soliswiss
Gutenbergstrasse 6, 3011 Bern
Telefon 031 380 70 30
www.soliswiss.ch

Abteilung für internationales Steuerrecht und Doppelbesteuerungssachen
Eigerstrasse 65, 3003 Bern
Telefon 031 322 71 29
www.estv.admin.ch

Ausgleichskassen
Die Adressen der einzelnen AHV-Ausgleichskassen sind auf der letzten Seite jedes Telefonbuchs zu finden oder im Internet unter www.ahv-info.ch.
Diese Website bietet viele Informationen zur AHV sowie Merkblätter zum Herunterladen, darunter auch die Formulare für den Antrag auf Rentenvorausberechnung und für die Anmeldung für die Altersrente.

Weitere Infos und nützliche Websites zu Pensionierungsfragen

Adlatus
Erfahrene Führungskräfte, die ihr Fachwissen nach der Pensionierung weitergeben möchten (zum Beispiel an Jungfirmen ober bei Nachfolgeplanungen in Familienunternehmen), können sich dem Netzwerk Adlatus anschliessen.
Adlatus Schweiz
6314 Unterägeri
Telefon 0848 48 48 88
www.adlatus.ch

Ahano
Ahano ist laut Eigenbeschreibung ein Portal für alle ab 50: Erfahrene Menschen, Rentner und Senioren sollen sich hier wohlfühlen, miteinander kommunizieren und

sich austauschen können. Die Generation ab 50 findet auf ahano.de vieles zu Partnerschaften, Reisen, Urlaub, Leihoma und Leihopa, Dienstleistungen für Senioren, Reisepartner, Lebenspartner, Essen und Trinken sowie Pflege.
www.ahano.de

Benevol
Benevol Schweiz ist die Dachorganisation der Deutschschweizer Fach- und Vermittlungsstellen für Freiwilligenarbeit und nimmt Anmeldungen entgegen.
Benevol Schweiz
Geschäftsstelle
Krummgasse 13
8200 Schaffhausen
Telefon 052 620 37 51
www.benevol.ch

Freiwilligenarbeit beim Roten Kreuz
Dank Freiwilligen kann das Rote Kreuz Menschen beistehen, die besonders auf Hilfe angewiesen sind. Die Freiwilligen fahren etwa betagte, kranke oder behinderte Menschen zum Arzt, geben Kindern Nachhilfeunterricht oder stehen bei sportlichen und kulturellen Events im Einsatz.
Schweizerisches Rotes Kreuz
Rainmattstrasse 10
3001 Bern
Telefon 031 387 71 11
www.redcross.ch

Innovage
Wer sich nach der Pensionierung freiwillig in einer gemeinnützigen Organisation betätigen will, findet hier eine Anlaufstelle. Mit solchen Einsätzen tun Sie Gutes, bleiben selber am Ball und vernetzen sich mit Gleichgesinnten.
Migros-Genossenschafts-Bund,
Direktion Kultur und Soziales/
Innovage
Postfach
8031 Zürich
Telefon 044 277 20 05
www.innovage.ch

Samariterbund
Schweizerischer Samariterbund
Martin-Disteli-Strasse 27
4601 Olten
Telefon 062 286 02 00
www.samariterbund.ch

Senior Expert Corps (SEC) Swisscontact
Schweizerische Stiftung
für technische Entwicklungszusammenarbeit
Döltschiweg 39
8055 Zürich
Telefon 044 454 17 17
www.swisscontact.ch

Schweizerischer Seniorenrat
c/o Pro Senectute Region Bern
Muristrasse 12
Postfach
3000 Bern 31
Telefon 031 359 03 03
www.seniorenrat.ch

Seniorweb
Seniorweb.ch besteht seit 1998 und ist eine Internet-Plattform und eine Community, also ein Club für Menschen in der dritten Lebensphase und ein Netzwerk von Organisationen und Initiativen, die sich für die Belange dieser Generation

einsetzen. Trägerin ist eine gemeinnützige Stiftung.

Die Website wird zu 95 Prozent in Freiwilligenarbeit von Seniorinnen und Senioren betrieben.
www.seniorweb.ch

Vasos
Vereinigung aktiver Senioren- und Selbsthilfe-Organisationen der Schweiz
Kontakt:
Vasos/Fares
3000 Bern
Telefon 076 583 60 90
www.vasos.ch

Verband für Seniorenfragen
Schweizerischer Verband für Seniorenfragen SVS
Geschäftsstelle/Sekretariat
Mischelistrasse 17
Postfach 46
4153 Reinach
Telefon 061 713 04 22
www.seniorenfragen.ch

Mustervorlagen

Musterbrief Anmeldung für die Grundversicherung bei einer neuen Krankenkasse

(Absender)
Vorname
Name
Strasse
PLZ/Ort
Geburtsdatum

Einschreiben
(Adresse
Krankenkasse)

Anmeldung für die obligatorische Grundversicherung

Sehr geehrte Damen und Herren

Hiermit melde ich mich bei Ihrer Krankenkasse für die obligatorische Krankenpflegeversicherung nach KVG ab (*Datum einsetzen*) wie folgt an:

Gewünschte Franchise: _____
(300, 500, 1000, 1500, 2000, 2500 Franken)
Unfalldeckung: (Ja/Nein) _____
Prämienzahlung: _____
(monatlich, zweimonatlich, viertel-, halbjährlich, jährlich)
Meine Bank- oder Postverbindung: _____
(Konto und Adresse)

Bitte teilen Sie meiner bisherigen Krankenkasse (Police in Kopie beiliegend) mit, dass ich bei Ihnen ab (*Datum einsetzen*) versichert bin.

Ort/Datum

Freundliche Grüsse
(*Unterschrift*)

Beilagen:
– Kopie meines aktuellen Krankenkassenausweises
– Kopie der Kündigung an den bisherigen Versicherer

Mustervorlage Testament für Verheiratete ohne Nachkommen

Testament für Verheiratete ohne Nachkommen
(handschriftlich zu verfassen)

Ich, der unterzeichnende Daniel Z., geb. 28.1.1943, von Gossau, wohnhaft Freiestrasse 20, 9000 St. Gallen, verfüge auf meinen Tod hin Folgendes:

1. Ich hebe alle bisherigen Verfügungen von Todes wegen auf.
2. Ich bestimme meine Ehefrau Veronika Z. als Alleinerbin.
3. Vorab sind folgende Vermächtnisse auszurichten:
– Dem Verein XY Fr. 10 000 (zehntausend Franken)
– …

St. Gallen, 5. Juni 2009

Daniel Z. (*Unterschrift*)

Mustervorlage Testament mit Zuwendung der Nutzniessung

Testament mit Zuwendung der Nutzniessung
(handschriftlich zu verfassen)

Ich, der unterzeichnende Daniel Z., geb. 28.1.1943, von Gossau, wohnhaft Freiestrasse 20, 9000 St. Gallen, verfüge auf meinen Tod hin Folgendes:

1. Hiermit hebe ich alle meine bisherigen Verfügungen von Todes wegen auf.
2. Ich setze meine Nachkommen auf den Pflichtteil.
3. Meiner Ehefrau Veronika Z. weise ich die frei verfügbare Quote zu Eigentum und den gesamten übrigen Nachlass zur Nutzniessung zu.

St. Gallen, 5. Juni 2009

Daniel Z. *(Unterschrift)*

Mustervorlage Testament mit Wahlmöglichkeit der Nutzniessung

Testament mit Wahlmöglichkeit Nutzniessung
(handschriftlich zu verfassen)

Ich, der unterzeichnende Daniel Z., geb. 28.1.1943, von Gossau, wohnhaft Freiestrasse 20, 9000 St. Gallen, verfüge auf meinen Tod hin Folgendes:

1. Hiermit hebe ich alle bisherigen Verfügungen von Todes wegen auf.
2. Ich setze meine Nachkommen auf den Pflichtteil.
3. Meiner Ehefrau Veronika Z. weise ich die frei verfügbare Quote zu Eigentum und den gesamten übrigen Nachlass zur Nutzniessung zu.
4. Meiner Ehefrau Veronika Z. steht es jedoch frei, die Nutzniessung auszuschlagen und stattdessen den gesetzlichen Erbteil und die frei verfügbare Quote zu beanspruchen.

St. Gallen, 5. Juni 2009

Daniel Z. *(Unterschrift)*

Musterbrief Mitteilung der Begünstigungsordnung an die Stiftung 3. Säule

Begünstigungsordnung

(*Absender*) **Einschreiben**
Vorname (*Adresse*
Name *Stiftung 3. Säule*)
Strasse
PLZ/Ort

Kontonr. _____
Begünstigungsordnung im Todesfall

Sehr geehrte Damen und Herren

Ich beziehe mich auf den im Rahmen der 3. Säule mit Ihrer Stiftung abgeschlossenen Vertrag und ändere hiermit für den Todesfall die gesetzliche Reihenfolge der Begünstigten wie folgt:

1. Konkubinatspartnerin
2. Die Eltern
3. Die Geschwister
4. Die übrigen im Testament erwähnten Erben.

Ich danke Ihnen für die Kenntnisnahme und eine Bestätigung dieser Mitteilung.

Mit freundlichen Grüssen

(*Unterschrift*)

Mustervorlage Ehe- und Erbvertrag mit Verzicht auf Pflichtteile und Nacherbschaft der Nachkommen

Ehe- und Erbvertrag mit Verzicht auf Pflichtteile und Nacherbschaft der Nachkommen

Vor der unterzeichnenden öffentlichen Urkundsperson sind heute im Amtslokal erschienen:

Die Ehegatten (*Vorname, Name, Geburtsdatum*), von (*Bürgerort*), wohnhaft in (*Wohnort*), die Nachkommen (*Vorname, Name, Geburtsdatum*), von (*Bürgerort*), wohnhaft in (*Wohnort*), die Zeugen (*Vorname, Name, Geburtsdatum*), von (*Bürgerort*), wohnhaft in (*Wohnort*), die mit dem Ersuchen um öffentliche Beurkundung Folgendes feststellen und vereinbaren:

I. Ehevertrag
1. Die Ehegatten haben am *(Datum einsetzen)* geheiratet. Der erste eheliche Wohnsitz war in *(Ort einsetzen)*; die Ehegatten hatten nie Wohnsitz im Ausland.
2. Bis heute haben die Ehegatten keinen Ehevertrag abgeschlossen. Es ist auch weder eine gesetzliche noch eine gerichtliche Gütertrennung eingetreten.
3. Die Ehegatten stehen demzufolge unter dem Güterstand der Errungenschaftsbeteiligung.
4. Die Ehegatten haben im Wesentlichen folgende Vermögenswerte in die Ehe eingebracht:
(Name Ehemann): (Auflistung)
(Name Ehefrau): (Auflistung)
5. Falls die Ehe durch Tod aufgelöst wird, soll der Vorschlag ganz dem überlebenden Ehegatten zufallen.

II. Erbvertrag
1. Die Ehegatten heben alle ihre bisherigen Verfügungen von Todes wegen auf.

2. Beim Tod des Erstversterbenden erhält der überlebende Ehegatte den gesamten Nachlass. Die Nachkommen verzichten auf ihre Pflichtteile, die der überlebende Ehegatte als Vorerbe erhält. Der überlebende Ehegatte verpflichtet sich, die Erbschaft in der Höhe der Pflichtteile der Nachkommen zum Zeitpunkt des Todes des Erstversterbenden zu erhalten und den Kindern als Nacherben zu hinterlassen.

Der vorliegende Vertrag entspricht in allen Teilen dem freien Willen beider Ehegatten und der Nachkommen.

Ort, Datum

Unterschriften (*alle Namen*)

Beurkundungsformel und Zeugenbestätigung

Mustervorlage Ehe- und Erbvertrag mit Verzicht der Nachkommen auf Pflichtteile und Rückfallklausel

Ehe- und Erbvertrag mit Verzicht der Nachkommen auf Pflichtteile und Rückfallklausel

Vor der unterzeichnenden öffentlichen Urkundsperson sind heute im Amtslokal erschienen:

Die Ehegatten (*Vorname, Name, Geburtsdatum*), von (*Bürgerort*), wohnhaft in (*Wohnort*), die Nachkommen (*Vorname, Name, Geburtsdatum*), von (*Bürgerort*), wohnhaft in (*Wohnort*), die Zeugen (*Vorname, Name, Geburtsdatum*), von (*Bürgerort*), wohnhaft in (*Wohnort*), die mit dem Ersuchen um öffentliche Beurkundung Folgendes feststellen und vereinbaren:

I. Ehevertrag
1. Wir haben am *(Datum einsetzen)* geheiratet. Der erste eheliche Wohnsitz war in (*Ort einsetzen*); wir hatten nie Wohnsitz im Ausland.
2. Bis heute haben wir keinen Ehevertrag abgeschlossen. Es ist auch weder eine gesetzliche noch eine gerichtliche Gütertrennung eingetreten.
3. Wir stehen demzufolge unter dem Güterstand der Errungenschaftsbeteiligung.
4. Wir haben im Wesentlichen folgende Vermögenswerte in die Ehe eingebracht:
(*Name Ehemann*): (*Auflistung*)
(*Name Ehefrau*): (*Auflistung*)
5. Falls unsere Ehe durch Tod aufgelöst wird, soll der Vorschlag ganz dem überlebenden Ehegatten zufallen.

II. Erbvertrag
1. Die Ehegatten heben alle ihre bisherigen Verfügungen von Todes wegen auf.

2. Beim Tod des Erstversterbenden erhält der überlebende Ehegatte den gesamten Nachlass. Die Nachkommen verzichten auf ihren Pflichtteil. Sobald der überlebende Ehegatte stirbt, fällt das Erbe in der Höhe der beim Tod des Erstversterbenden geltenden Pflichtteile an die Nachkommen zurück.

Der vorliegende Vertrag entspricht in allen Teilen dem freien Willen beider Ehegatten und der Nachkommen.

Ort, Datum

Unterschriften (*alle Namen*)

Beurkundungsformel und Zeugenbestätigung

Stichwortverzeichnis

2. Säule	16
3. Säule	16, 26
3. Säule, Barauszahlung von Geld	50
3. Säule, Konten	28
4. Säule	98

A

AHV	8, 16, 20, 120
AHV, Beitragsjahre	18
AHV, Beitragslücken	17 f.
AHV, Ergänzungsleistungen	43
AHV, Erziehungs- und Betreuungsgutschriften	16
AHV, Konto	19
AHV, Maximalrente	17
AHV, Nummer	18
AHV, Rente	11, 17, 29, 31
Aktien	34 ff.
Alters-, Pflegeheim	45
Altersguthaben, obligatorisches und überobligatorisches der Pensionskasse	22
Alterssiedlungen, Seniorenresidenzen	113
Alterswohngemeinschaft	115
Anlagestrategie	34
Ausland	117 ff.
Ausland, Hauskauf	129
Ausland, Krankheitskosten	93
Auswandern	116 ff.
Autofahren im Alter	76 ff.

B

Barauszahlung von Geldern der Säule 3a	50
Begünstigung für Konkubinatspaare	49
Begünstigung unter Ehepartnern	57
Begünstigungserklärung	51
Bewegung, körperliche	66
Bilanz, persönliche	17, 29
Budget	40
BVG (siehe auch Pensionskasse)	8

C

Computer	107

D

Darlehen	57

Doppelbesteuerungsabkommen	**124**
Drei-Säulen-System	**8**

E

Ehe- und Erbvertrag	**58**
Ehe, Ehepaare	**18, 48, 100**
Ehepaare, Begünstigung	**57**
Ehepaarrente	**40**
Ehepartner, Konkubinatspartner	**48**
Eigengut	**55, 57**
Eingetragene gleichgeschlechtliche Partnerschaft	**21**
Einkauf in die Pensionskasse	**24, 30**
Erben, Erbrecht	**39, 51 ff.**
Erbschaftssteuern	**56, 133**
Erbteile und Pflichtteile	**53**
Erbteilung	**57**
Erbvertrag	**55**
Erbvorbezug, Darlehen	**31, 57**
Ergänzungsleistungen AHV	**43**
Ernährung	**66**
Errungenschaft, Errungenschaftsbeteiligung	**55, 58**
Erziehungs- und Betreuungsgutschriften der AHV	**16**

F

Ferienversicherung	**95**
Fitness	**72**
Fitness, geistige	**74**
Flexibles Pensionsalter	**12**
Franchise der Krankenkasse	**81**
Freiwilligenarbeit	**104**
Freizügigkeitsgelder, Auszahlung an Konkubinatspartner	**50**
Frühpensionierung	**11, 30, 31**

G

Gehirnjogging	**76**
Gemeinschaftliche Wohnformen	**113**
Genugtuungsleistungen	**58**
Gesamtgut	**55**
Gesundheit	**66**
Gesundheitskosten	**43**
Gesundheitsprüfung	**84**
Gleichgeschlechtliche eingetragene Partnerschaft	**21**
Güterstand	**55**
Gütertrennung	**55, 59**

H

Hausgemeinschaft	115
Hauskauf im Ausland	129
Hinterlassenenrenten an Konkubinatspartner	49
Hobby	43, 106
Hypothek	30, 46

I

Immobilienkauf	25
Immobilienkauf im Ausland	128
Inflation	29
Internet	107

K

Kapital oder Rente	22, 31
Kapitalanlage, Kapitalrendite	31
Kapitalverzehr	36
Konkubinatspaare	48
Konkubinatspaare, Begünstigung	49
Konkubinatspartner, Auszahlung des Todesfallkapitals	50
Konkubinatspartner, Auszahlung von Freizügigkeitsgeldern	50
Konkubinatspartner, Ehepartner	48
Konkubinatspartner, Hinterlassenenrenten	49
Krankenkasse	43, 80 ff., 125
Krankenkasse, Billigkassen	80
Krankenkasse, Franchise	81
Krankenkasse, Grundversicherung	80
Krankenkasse, Hausarzt-Modell	83
Krankenkasse, HMO-Modell	83
Krankenkasse, Hotelversicherung	92
Krankenkasse, Prämien	83
Krankenkasse, Sparmöglichkeiten bei der Grundversicherung	81
Krankenkasse, Sparmöglichkeiten bei den Zusatzversicherungen	87
Krankenkasse, Wechsel	81
Krankenkasse, Zusatzversicherung	84 ff.
Krankenversicherung im Ausland	125
Krankenversicherung, Unfallschutz	91
Krankheitskosten	45
Krankheitskosten im Ausland	93

L

Leibrente	31, 35 f.
Liegenschaft, Haus	45, 60

N
Netz, soziales   99

O
Obligatorisches und überobligatorisches Altersguthaben
der Pensionskasse   22

P
Partnerschaft   13, 100
Partnerschaft, gleichgeschlechtliche   21
Patientenverfügung   94
Pensionierung hinausschieben   13, 33
Pensionierungskurse   12
Pensionierungsschock   10
Pensionsalter, flexibles   12
Pensionsalter, ordentliches   17, 32
Pensionskasse   8, 16, 21
Pensionskasse, Einkauf   24, 30
Pensionskasse, obligatorisches und
überobligatorisches Altersguthaben   22
Pensionskasse, Vorbezug   124
Pensionskassenausweis   21
Pensionskassenkapital   29
Pensionskassenrente   120
Pflegekosten   59
Pflegeversicherung   92
Pflichtteile und Erbteile   53
Prämien der Krankenkasse   83 ff.

Q
Quellensteuer   122

R
Reisen   106
Rente oder Kapital   22, 31
Rentenalter, flexibles   12
Rentenalter, ordentliches   17, 32
Rentenumwandlungssatz   21
Rückgewähr   39

S
Scheidung   20, 52, 102
Schenkung   45, 57
Schenkung und Erbvorbezug   56

**Adressen
Musterbriefe
Stichwörter**

Seniorenorganisationen	108
Seniorenresidenzen, Alterssiedlungen	113
Sozialhilfe	63
Sozialwerke	104
Sparen	41
Spital-Zusatzversicherungen, Prämien sparen	87
Splitting	18
Sport	**72, 106**
Steuern	**28, 37, 42, 122**
Steuern, Erbschaftssteuern	**56, 133**

T

Tauschnetzwerke	110
Tele-Medizin	84
Testament	**53, 56**
Todesfallkapital, Auszahlung an Konkubinatspartner	50
Todesfall-Risikoversicherung	49

U

Umwandlungssatz	**21, 29, 37**
Unfallschutz der Krankenversicherung	91

V

Vermögen	**34, 44**
Verrechnungssteuer	124
Versicherungen	**30, 40, 42**
Verwandtenunterstützung	63
Vorbezug und Schenkung	56
Vorsorgerechner	30
Vorsorgeuntersuchungen	68

W

Weiterbildung	**106, 111**
Witwen-, Witwerrente	48
Wohnformen, gemeinschaftliche	113
Wohnrecht	57
Wohnsituation	**41, 112**

Z

Zins	**21, 29, 35**
Zusatzverdienst	**31, 43**
Zusatzversicherungen der Krankenkasse	**84, 87, 90**